FRANZÖSISCH
kommunikativ:

ALLTAGS Situationen

Helen Orme

Verlag an der Ruhr

Titel: Französisch kommunikativ: Alltagssituationen

Titel der Originalausgabe: SPECIALS! French: The World Around Us
© 1995 Folens Limited, Dunstable and Dublin
aus dem Englischen übersetzt von Angelika Tost

Illustratorin: Pat Murray (Graham-Cameron Illustrations)

Autorin: Helen Orme

Druck: Druckerei Uwe Nolte, Iserlohn

Verlag: Verlag an der Ruhr
Postfach 10 22 51
45422 Mülheim an der Ruhr
Alexanderstraße 54
45472 Mülheim an der Ruhr
Tel.: 02 08 – 439 54 0
Fax: 02 08 – 439 54 39
E-Mail: info@verlagruhr.de
http://www.verlagruhr.de

ISBN 3-86072-428-2

Ein weiterer Beitrag zum Umweltschutz:

*Das Papier, auf dem dieser Titel gedruckt ist, hat ca. **50% Altpapieranteil**, der Rest sind **chlorfrei** gebleichte Primärfasern.*

Ziel dieser Arbeitsmappe ist es, Anfängern in der französischen Sprache aber auch Schülern, die ihre Französischkenntnisse auffrischen wollen, zusätzliche Lehrmaterialien zur Verfügung zu stellen.
Sie ist nicht als kompletter Französischkurs gedacht. Die lose hintereinander angeordneten Arbeitsblätter können den Französisch-Lehrgang sinnvoll ergänzen. Jedes Arbeitsblatt kann dort benutzt werden, wo es gerade am besten in den verwendeten Kurs passt. Insbesondere weniger begabte Schüler benötigen viel Übung beim Lernen von neuem Vokabular. Die Arbeitsblätter sind so entwickelt, dass sie auf verschiedene Arten einsetzbar sind. Somit wird den Schülern die Möglichkeit gegeben, sich auf eine begrenzte Anzahl neuer Wörter zu konzentrieren.

Alle schriftlichen Unterlagen sind in der Zielsprache gehalten. Aus diesem Grunde beschränken sich die Arbeitsanweisungen auch auf das absolut Notwendigste.
Zum größten Teil wird vorausgesetzt, dass der Lehrer die Anwendung der Arbeitsblätter mündlich erklärt. Schriftliche Anweisungen auf den Arbeitsblättern würden wahrscheinlich nur zur Verwirrung der Schüler führen.
Da das aktive Sprechen für das Erlernen einer Fremdsprache besonders wichtig ist, wurden so viele Gelegenheiten wie möglich entwickelt, um diese Arbeitsblätter als Ausgangsbasis für eine Partnerarbeit oder eine Gruppenarbeit nutzen zu können.

Schriftliche Übung

Partnerarbeit

Mündliche und schriftliche Übung

Zuordnungsübung

Zeichnen

Ausmalen

Lesen

HINWEISE FÜR LEHRER/INNEN

Verschiedene Möglichkeiten zum Einsatz der Zuordnungsübungen

- Kopieren Sie das entsprechende Arbeitsblatt auf Pappe, schneiden Sie es aus und fordern Sie die Schüler auf, das richtige Wort dem passenden Bild zuzuordnen.
- Ordnen Sie das Bild dem Wort jeweils zu, bevor Sie es auf Pappe kopieren. Schneiden Sie es dann in Form eines einfachen Puzzlespiel aus und fordern Sie die Schüler auf, es wieder zusammenzusetzen.
- Kopieren Sie die entsprechenden Arbeitsblätter auf Pappe und schneiden Sie die Karten aus. Diese können die Schüler für ein Memory-Spiel benutzen. Jeweils ein Wort und das entsprechende Bild bilden ein Pärchen.
- Benutzen Sie es lediglich als Wörterliste. Die Schüler können ein Bild zeichnen und es dem jeweiligen Wort zuordnen.
- Lassen Sie die Schüler mit einem Partner zusammen arbeiten, wobei jeweils ein Kartensatz benutzt wird. Der eine Schüler zeigt auf eine Karte und fragt „Tu as …?“. Sein Partner antwortet indem er auf seine Karten schaut und „Oui, j'ai…“ oder „Non, je n'ai pas…“ sagt.

Mögliche Vorgehensweisen für die Verwendung der Arbeitsblätter

Les numéros **7 – 18**

Seite 7: Die Schüler suchen das passende Wort zu den auf dem Würfel angezeigten Zahlen. Anschließend schreiben sie die Zahl, die der Würfel anzeigt, auf.
Seite 8: Die Schüler ergänzen die Addition. Dann vervollständigen sie den Satz mit der korrekten Zahl der Gegenstände in dem Kästchen und zeichnen schließlich die korrekte Anzahl von Gegenständen in die letzten beiden Kästchen.
Seite 9: Die Schüler vervollständigen die Sätze, indem sie die auf dem Bild dargestellten Gegenstände zählen. Sie ordnen die Personen dem jeweils richtigen Haus zu und ergänzen die Sätze.
Seite 10: Die Schüler ordnen den Wörtern die richtigen Zahlen zu und vervollständigen anschließend die Kästchen in der richtigen Reihenfolge.
Seiten 11 – 16: Kopieren Sie die Motive auf Pappe und schneiden Sie sie aus. Teilen Sie die Karten in einen Stapel mit Ziffern und einen Stapel mit Wörtern. Benutzen Sie diese Karten, um eine Art Memory zu spielen.

Die Schüler sagen laut die Zahl, wenn sie eine Karte umdrehen. Benutzen Sie die leeren Kästchen auf **Seite 14**, um weitere Ziffernkarten herzustellen.
Gruppenarbeit mit 3 Schülern:
Geben Sie einem der Schüler den Stapel mit den Ziffernkarten **(Seiten 11 – 16)**. Er hebt eine Karte ab und zeigt sie den anderen beiden. Ein Schüler liest die gezeigte Ziffer laut vor. Der andere Schüler überprüft die Richtigkeit mit Hilfe des Vokabelkästchens auf **Seite 15**.
Seite 17 – 18: Die Schüler ordnen den Wörtern die Ziffern zu. Sie ergänzen die Lücken der Reihenfolge nach und in Zehnerschritten. Dann schreiben sie das richtige Wort neben jede Ziffer.

Lotto **19**

Gruppenarbeit für fünf Schüler. Kopieren Sie das Arbeitsblatt auf Pappe und schneiden Sie die Quadrate aus. Fordern Sie vier Schüler auf, die leeren Kästchen mit Zahlen ihrer Wahl auszufüllen. Begrenzen Sie die Zahlen falls nötig. Der fünfte Schüler benutzt das Vokabelkästchen auf dem unteren Seitenabschnitt, um nach dem Zufallsprinzip irgendwelche Zahlen zu nennen. Die Schüler streichen die ausgerufenen Zahlen aus, wenn sie auf ihren Karten stehen.
Der Gewinner ist derjenige Schüler, der als Erster alle Zahlen auf seiner Karte durchgestrichen hat.

Les couleurs **20 – 21**

Seite 20: Die Schüler malen die Gegenstände in der geforderten Farbe an.
Seite 21: Sie malen die Haustiere in der richtigen Farbe an.

J'ai un chien blanc et vert!

Je bois **22**
Je mange **23 – 24**

Zuordnungsübungen:
Diese Seiten vermitteln auch Vokabeln für die Arbeitsblätter zu „Au café“ **(Seite 25 – 26)**, „Au restaurant“ (**Seite 27**) und „Aux magasins“ **(Seite 29 – 31)**.

Au café **25 – 26**

Mündliche Übung, schriftliche Übung **(Seite 25)**:
Die Schüler spielen Ober: Sie fragen die anderen Schüler, was sie bestellen möchten, indem sie die erhältlichen Gerichte von dem Vokabelkästchen auf der oberen Hälfte der Seite ablesen.

Manchmal kann es ratsam sein, eine begrenzte Auswahl an Wörtern auf der Liste zu markieren.
Partnerarbeit: Kopieren Sie die Bilder der **Seiten 22 – 23** auf Pappe. Ein Schüler sucht eine Bilderkarte heraus und fragt nach dem Gegenstand. Sein Partner schreibt das richtige Wort auf.
Schriftliche Übung **(Seite 26)**: Die Schüler wählen drei der dargestellten Mahlzeiten aus und schreiben die abgebildeten Gerichte auf. Benutzen Sie die Vokabelliste **(Seite 25)**, falls dies nötig ist.

Au restaurant **27**

Mündliche Übung, schriftliche Übung: In der Partnerarbeit stellt ein Schüler die Fragen und sein Partner schreibt die Antworten auf. Dann werden die Rollen getauscht. (Es kann für die Schüler hilfreich sein, zuerst **Seite 26** auszufüllen.).
Fügen Sie den einzelnen Gerichten des Menüs entsprechende Preisangaben hinzu, falls dies benötigt wird.
Die Übung kann mit der Übung zu „C'est combien?“ auf **Seite 32** kombiniert werden. Geben Sie den Schülern eine Kopie, auf der sich nur das Menü befindet (wenn möglich vergrößert). Fordern Sie sie auf, es mit den passenden Bildern zu verzieren.

Mon déjeuner **28**

Zuordnungsübung:
Die Schüler ordnen die Wörter und Bilder zu. Sie benutzen das Menü von **Seite 27**, zeichnen ein Gericht auf den Teller und schreiben anschließend die Wörter der ausgesuchten Esswaren auf.

Aux magasins **29 – 31**

Zuordnungsübung **(Seite 29)**
Schriftliche Übung **(Seite 30)**: Die Schüler schreiben den Namen für jedes Geschäft in das darunter stehende Kästchen. Die in den Schaufenstern befindlichen Gegenstände können ihnen helfen, das jeweilige Geschäft zu bestimmen.
Schriftliche Übung **(Seite 31)**: Die Schüler schreiben die Artikel auf, die in jedem Geschäft gekauft werden können. Manchmal kann es ratsam sein, eine begrenzte Auswahl an Wörtern des Vokabelkästchens zu markieren.

C'est combien? **32**

Schriftliche Übung:
Ergänzen Sie die Preisschilder mit angemessenen Preisangaben, bevor Sie sie kopieren.
Die Schüler schreiben dann die zu zahlende richtige Summe für jeden Artikel darunter.

Les mois 33

Schriftliche Übung: Die Schüler ergänzen die fehlenden Buchstaben, indem sie das Vokabelkästchen dieser Seite benutzen. Dann ergänzen sie die Monatsnamen, die bei der jeweils richtigen Jahreszeit stehen sollen.

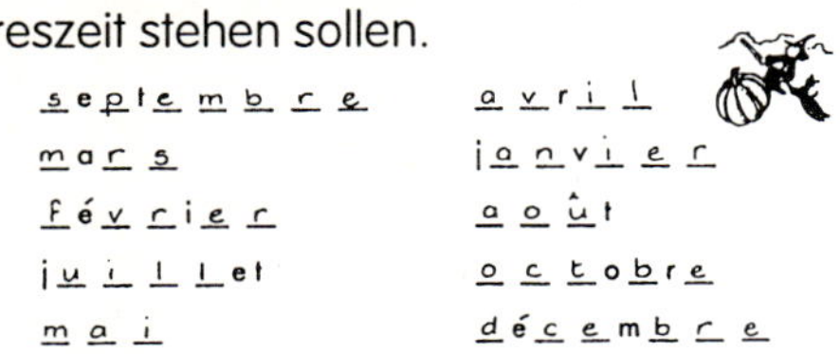

Qu'est-ce que tu fais aujourd'hui? 34

Schriftliche Übung, mündliche Übung:
Abgebildet sind Seiten eines Wochenplans. Die Schüler benutzen die Abbildungen, um die erste Woche zu vervollständigen. Dann füllen sie für sich selbst einen ausgedachten oder wirklichen Wochenplan aus. Anschließend arbeiten sie gemeinsam mit einem Partner, um die letzte Woche auszufüllen. Die Schüler können Bilder zeichnen, um die Wochenpläne zu verzieren.
Die leeren Tagebuchseiten können zusammen mit den **Seiten 36 – 38** benutzt werden, um einen Wetterbericht zu erstellen.

La date 35

Mündliche Übung, schriftliche Übung: Die Schüler lesen die Sätze und benutzen sie, um die Gesichter auf dem Kalender zu identifizieren. Sie schreiben die richtigen Namen und Geburtsdatum neben jedes Gesicht.

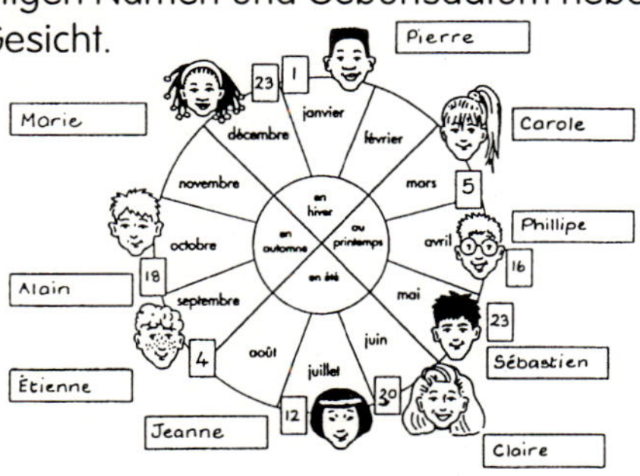

Jeder Schüler schreibt sein eigenes Geburtsdatum auf die untere Linie.
Mündliche Übung: Benutzen Sie die Blankokarten auf **Seite 15**, um Monatskarten und beliebig andere Zahlenkarten herzustellen.
Kopieren Sie diese auf Pappe und schneiden Sie sie aus. Von den Zahlenkarten **(Seite 11 – 15)** ziehen die Schüler eine Nummernkarte und eine Monatskarte und fordern die anderen Schüler auf, das entsprechende Datum zu nennen.

Quel temps fait-il? 36 – 38

Zuordnungsaufgabe **(Seite 36)**
Schriftliche Übungen **(Seite 37 – 38)**:
Die Schüler ergänzen die Sätze unter Zuhilfenahme der Abbildungen. Sie schreiben das zu jeder Jahreszeit gehörende Wetter auf.

En ville il y a 39 – 40
Les transport 41

Zuordnungsübung.

Des directions 42 – 43

Schriftliche Übung **(Seite 42)**: Die Schüler schreiben die entsprechende Richtung auf, die auf jedem Bild dargestellt wird.

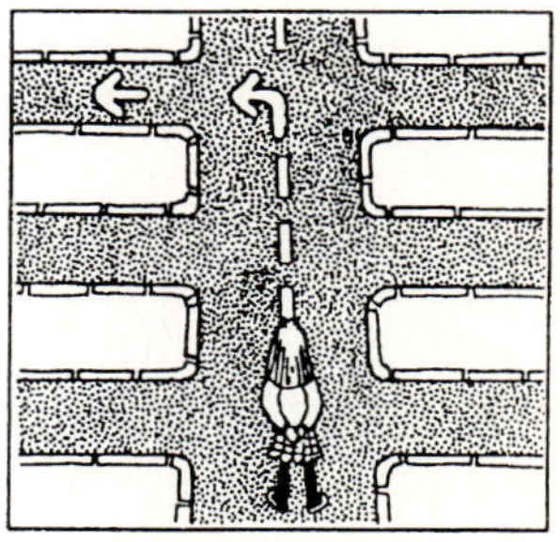

Prenez la troisième rue à gauche.

Mündliche Übung **(Seite 43)**: Partnerarbeit: Benutzen Sie die Bilder von **Seite 39 – 40**, nachdem Sie diese auf Pappe kopiert und ausgeschnitten haben. Ein Schüler zieht eine Ortskarte, der andere Schüler schaut auf die **Seite 43** und erklärt seinem Partner den Weg dorthin. Oder beide Schüler haben die Karte **(Seite 43)** vor sich liegen. Nun zieht ein Schüler verdeckt eine Ortskarte und erklärt seinem Partner den Weg dorthin, ohne das Ziel zu nennen. Der Partner fährt mit dem Finger den Weg nach und nennt das Ziel.

Je cherche 44

Zuordnungsübung, schriftliche Übung:
Die Schüler benutzen die Karte auf **Seite 43**, um den Plätzen die jeweils richtigen Richtungsangaben zuzuordnen.
Dann schreiben sie die Richtungsangaben zu den gesuchten Ortsangaben.

Les vacances 45

Zuordnungsübung, schriftliche Übungen:
Die Schüler ordnen die Gesichter zu, um herauszufinden, welche Person wo im Urlaub ist und ergänzen dann die Sätze.

Mes vacances 46

Schriftliche Übung:
Die Schüler füllen die Lücken aus, um das jeweilige Land herauszufinden. Sie benutzen dann die Abbildungen, um mit deren Hilfe die Sätze zu jedem Urlaub zu ergänzen.

Dieses Arbeitsblatt kann auch mit den Tagebuchseiten auf **Seite 34** verbunden werden.

Au bord de la mer 47
À la campagne 48

Zuordnungsübung

Les numéros

un

deux

trois

quatre

cinq

six

sept

huit

neuf

dix

Écris

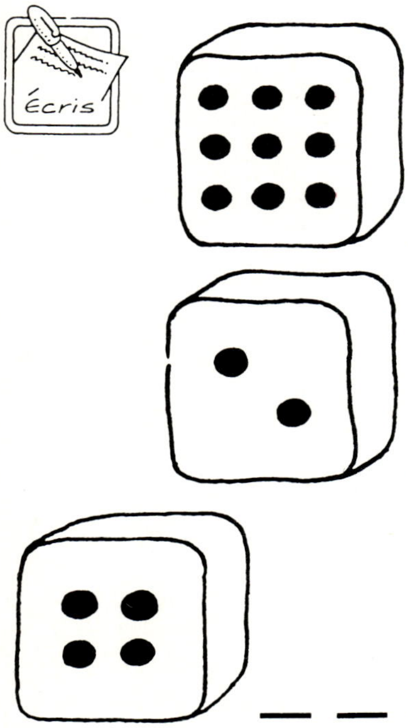

_ _ _ _ _

_ _ _ _ _

_ _ _ _ _ _ _ _

_ _

_ _ _ _ _

_ _ _ _ _ _

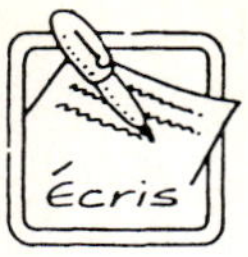

Les numéros

 = _ _ _

 = _ _ _ _

 = _ _ _ _ _

 = _ _ _ _

 = _ _ _

1	un
2	deux
3	trois
4	quatre
5	cinq
6	six
7	sept
8	huit
9	neuf
10	dix
11	onze
12	douze

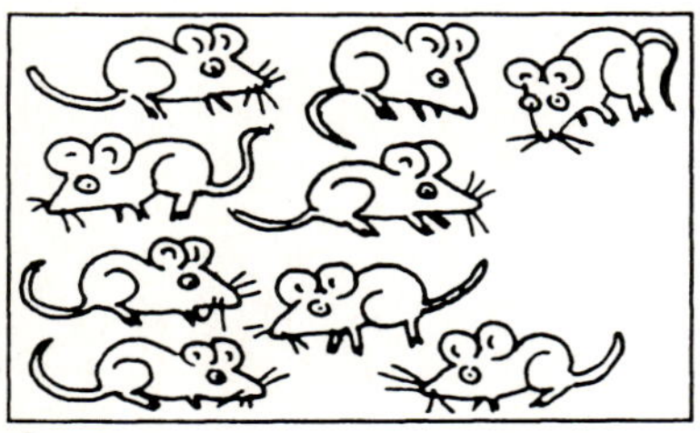

Il y a ____________ souris.

Il y a ____________ crayon.

Il y a __________ poissons.

Il y a ___________ maisons.

Il y a ___________ oiseaux.

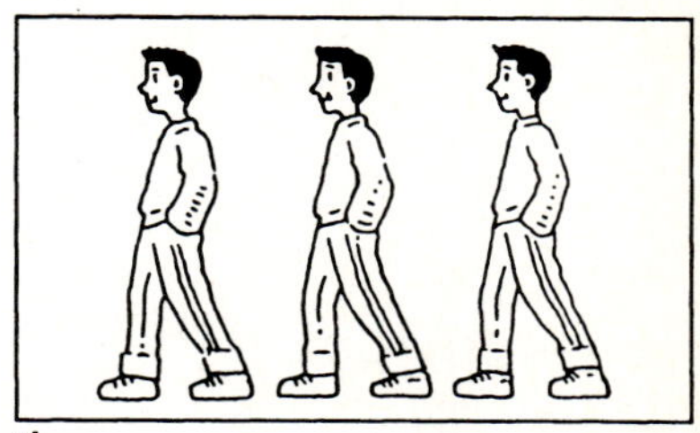

Il y a __________ garçons.

Il y a ____________ chats.

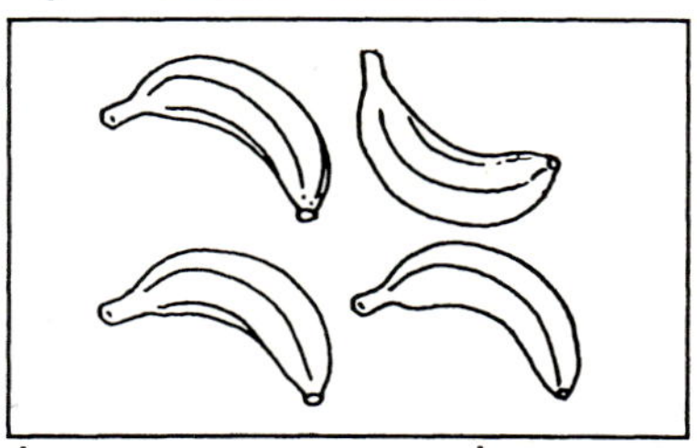

Il y a __________ bananes.

Il y a _____________ filles.

Il y a ____________ livres.

Il y a trois poissons.

Il y a sept crayons.

Les numéros

Il y a __________ maisons. Il y a ______________ oiseaux. Il y a _________ garçons.

Il y a _________ filles. Il y a ____________ chats.

1	un	**6**	six	**11**	onze	**16**	seize
2	deux	**7**	sept	**12**	douze	**17**	dix-sept
3	trois	**8**	huit	**13**	treize	**18**	dix-huit
4	quatre	**9**	neuf	**14**	quatorze	**19**	dix-neuf
5	cinq	**10**	dix	**15**	quinze	**20**	vingt

Paul Anna Michel Élisabeth Luc Michelle

Élisabeth habite au numéro ______________ .

Paul habite au numéro ________________ .

Luc habite au numéro __________________ .

Anna habite au numéro ________________ .

Michelle habite au numéro ______________ .

Michel habite au numéro ________________ .

Les numéros

dix	16	13	trois
dix-neuf	10	18	cinq
seize	20	11	onze
douze	2	8	un
vingt	17	14	dix-huit
quinze	12	4	quatre
deux	7	6	treize
sept	9	3	huit
dix-sept	15	5	six
neuf	19	1	quatorze

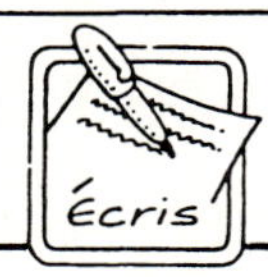

un	deux	trois		cinq
	sept		neuf	
onze				quinze
	dix-sept			

Les numéros

un	deux	trois
quatre	cinq	six
sept	huit	neuf

Les numéros

1	2	3
4	5	6
7	8	9

Parle avec un(e) partenaire

Les numéros

dix	onze	douze
treize	quatorze	quinze
seize	dix-sept	dix-huit

Parle avec un(e) partenaire

Les numéros

10	11	12
13	14	15
16	17	18

Les numéros

dix-neuf	**vingt**	
19	**20**	

1	un	**6**	six	**11**	onze	**16**	seize
2	deux	**7**	sept	**12**	douze	**17**	dix-sept
3	trois	**8**	huit	**13**	treize	**18**	dix-huit
4	quatre	**9**	neuf	**14**	quatorze	**19**	dix-neuf
5	cinq	**10**	dix	**15**	quinze	**20**	vingt

Parle avec un(e) partenaire

Les numéros

30	**40**	**50**
60	**70**	**80**
90	**100**	

30	trente
40	quarante
50	cinquante
60	soixante
70	soixante-dix
80	quatre-vingts
90	quatre-vingt-dix
100	cent

Les numéros

vingt	30	vingt
soixante-dix	20	trente
trente	90	
cinquante	40	
cent	70	soixante
quatre-vingts	100	
quarante	80	quatre-vingts
soixante	60	quatre-vingt-dix
quatre-vingt-dix	50	

1	un	11	onze
2	deux	12	douze
3	trois	13	treize
4	quatre	14	quatorze
5	cinq	15	quinze
6	six	16	seize
7	sept	17	dix-sept
8	huit	18	dix-huit
9	neuf	19	dix-neuf
10	dix	20	vingt

Écris

		71	soixante et onze	93	quatre-vingt-treize
24	vingt-quatre	75		92	
35		81		91	
49		68		76	
57		89		27	

Les numéros

soixante et un	93
soixante-douze	61
soixante-huit	97
soixante-quinze	72
quatre-vingt-un	75
quatre-vingt-treize	81
soixante-deux	68
quatre-vingt-onze	62
quatre-vingt-dix-sept	91

1	un
2	deux
3	trois
4	quatre
5	cinq
6	six
7	sept
8	huit
9	neuf
10	dix
11	onze
12	douze
13	treize
14	quatorze
15	quinze
16	seize
17	dix-sept
18	dix-huit
19	dix-neuf
20	vingt

30	trente
40	quarante
50	cinquante
60	soixante
70	soixante-dix
80	quatre-vingts
90	quatre-vingt-dix
100	cent

Écris

		78	soixante-dix-huit	84	quatre-vingt-quatre
63	soixante-trois	82		75	
74		85		94	
66		96		87	
69		98		64	

Lotto

1	un	**11**	onze
2	deux	**12**	douze
3	trois	**13**	treize
4	quatre	**14**	quatorze
5	cinq	**15**	quinze
6	six	**16**	seize
7	sept	**17**	dix-sept
8	huit	**18**	dix-huit
9	neuf	**19**	dix-neuf
10	dix	**20**	vingt

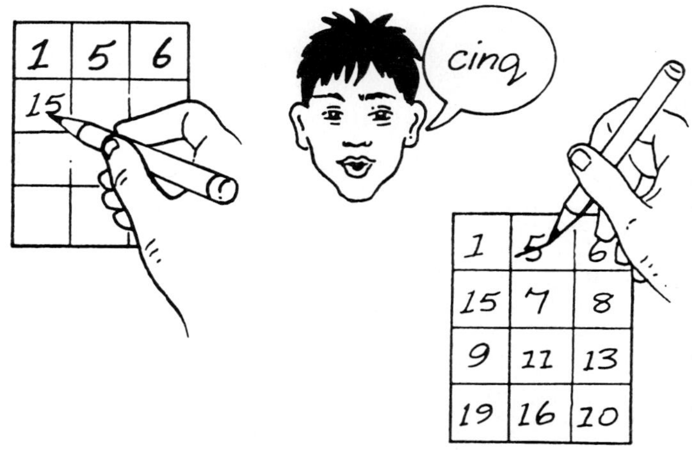

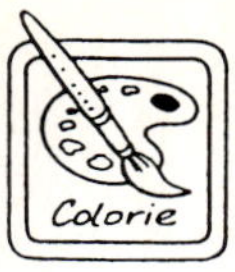

Les couleurs

J'ai un chien brun.

J'ai un chat noir.

J'ai un chien blanc.

J'ai un chat noir et blanc.

J'ai un lapin gris.

J'ai une souris blanche.

J'ai un poisson bleu.

J'ai un oiseau jaune.

J'ai un cochon rose.

J'ai un poisson rouge.

J'ai un cheval marron.

J'ai un chien blanc et vert!

Je bois

du café

une limonade

un coca

un café-crème

une bière

du vin

un thé au citron

un thé

de l'eau minérale

un chocolat chaud

du lait

un jus d'orange

Je mange

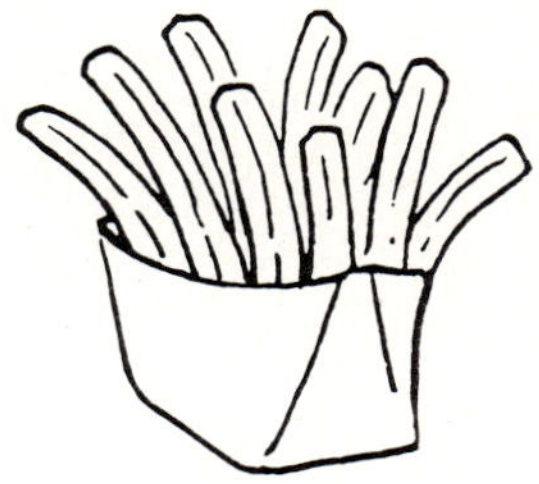

un gâteau

des frites

une glace au chocolat

un sandwich au fromage

un hamburger

une glace à la vanille

du pain

un yaourt

un poisson

de la confiture

une pizza

des chips

Je mange

des prunes

des tomates

des pêches

des carottes

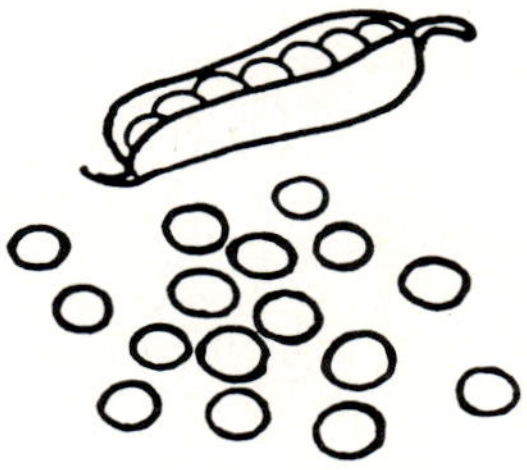

des petits pois

des pommes

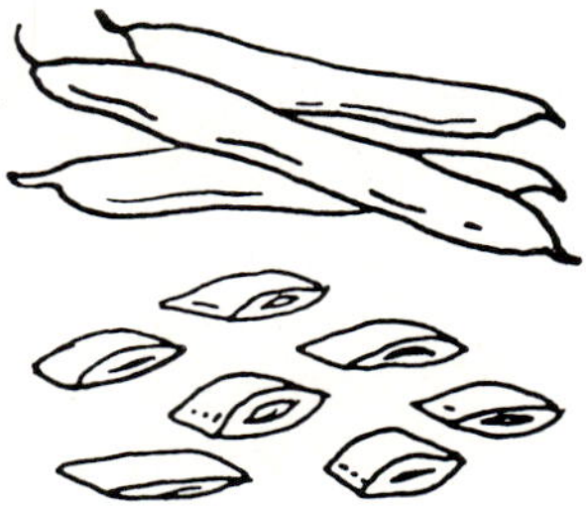

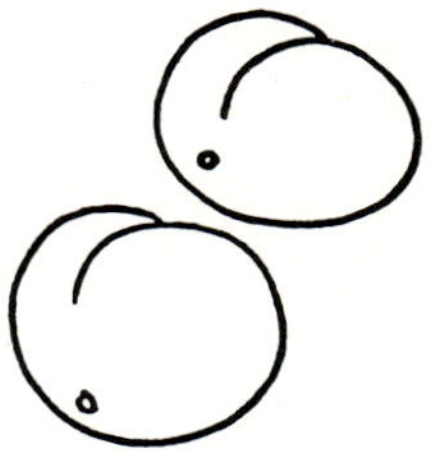

des haricots verts

des framboises

de la salade verte

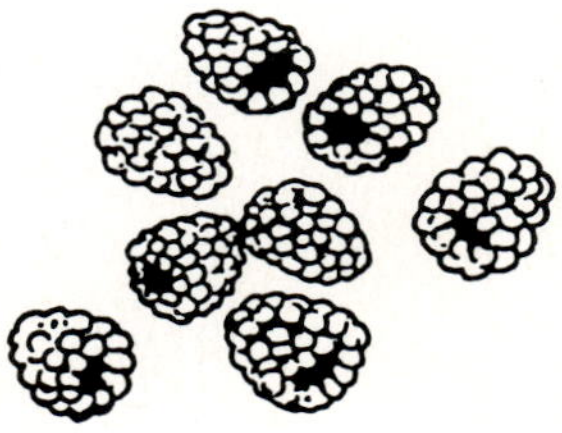

des bananes

des pommes de terre

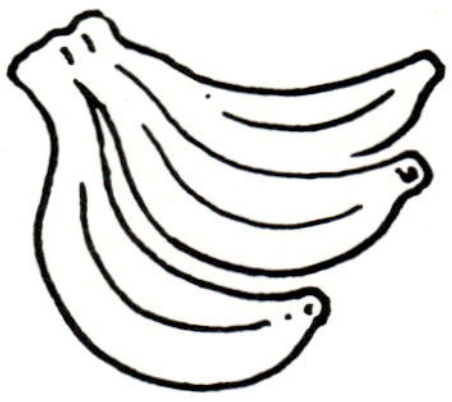

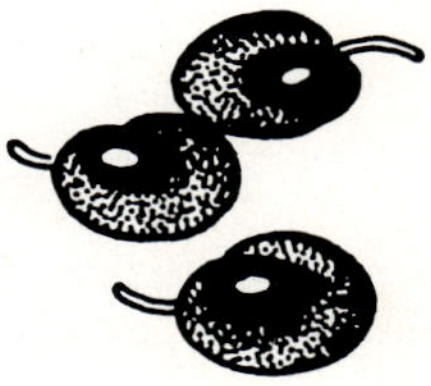

du raisin

Au café

Qu'est-ce que vous prenez?

une pizza	des croissants
un hotdog	du pain
de la confiture	un yaourt
un hamburger	des frites
un sandwich au fromage	des chips
un poisson	un gâteau
une glace au chocolat	des saucisses
une glace à la vanille	un bifteck

un thé au citron	du café
un jus d'orange	un thé
une limonade	un coca
de l'eau minérale	du lait
un chocolat chaud	du vin
une bière	

Nom ____________

Je voudrais

Nom ____________

Je voudrais

Nom ____________

Je voudrais

Nom ____________

Je voudrais

Nom ____________

Je voudrais

Nom ____________

Je voudrais

Écris

Au café

Qu'est-ce que vous prenez?

Je voudrais

Je voudrais

Je voudrais

Au restaurant

Menu

Entrée	Crudités Soupe à l'oignon Pâté de campagne Salade de tomates
Viande	Côtelettes d'agneau Bifteck Poulet rôti Poisson Escalope de porc Omelette nature
Légumes	Pommes de terre Pommes frites Petits pois Haricots verts Salade
Dessert	Mousse au chocolat Gâteau au chocolat Glace Framboises Crêpes Fromage Fruits
Boisson	Vin blanc Vin rouge Bière Limonade Jus d'orange Eau minérale

Service non compris

Qu'est-ce que vous désirez comme entrée?
Je voudrais ____________________

Qu'est-ce que vous désirez comme viande?
Je voudrais ____________________

Qu'est-ce que vous désirez comme légumes?
Je voudrais ____________________

Qu'est-ce que vous désirez comme dessert?
Je voudrais ____________________

Qu'est-ce que vous désirez comme boisson?
Je voudrais ____________________

Qu'est-ce que vous désirez comme entrée?
Je voudrais ____________________

Qu'est-ce que vous désirez comme viande?
Je voudrais ____________________

Qu'est-ce que vous désirez comme légumes?
Je voudrais ____________________

Qu'est-ce que vous désirez comme dessert?
Je voudrais ____________________

Qu'est-ce que vous désirez comme boisson?
Je voudrais ____________________

Mon déjeuner

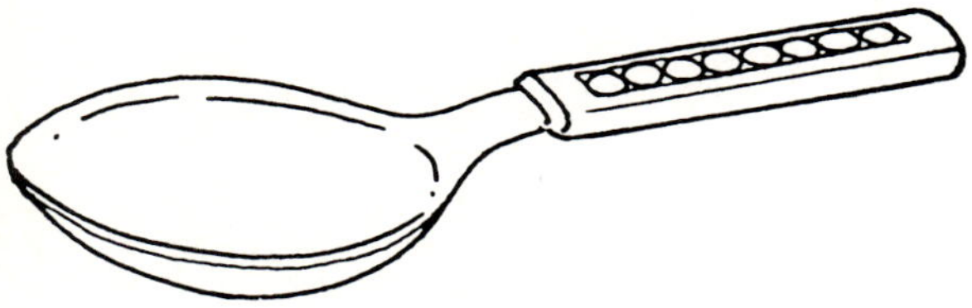

une assiette

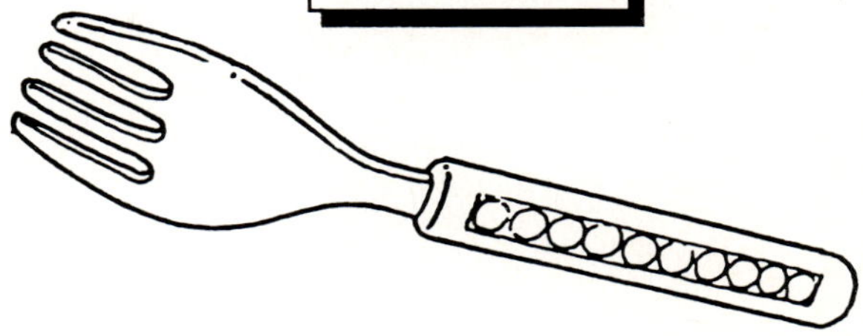

une cuiller

un verre

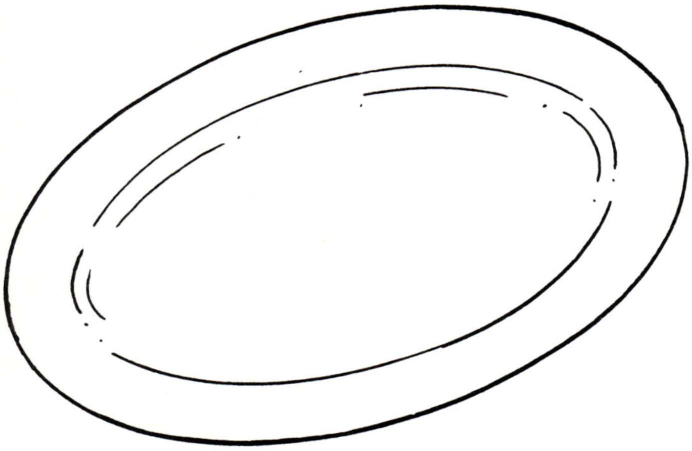

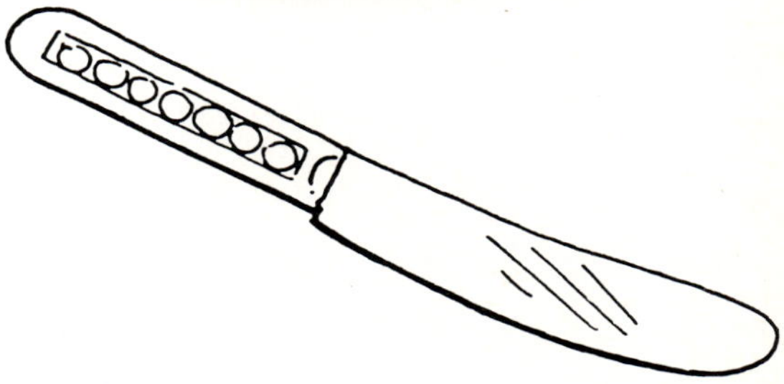

un couteau

une chope

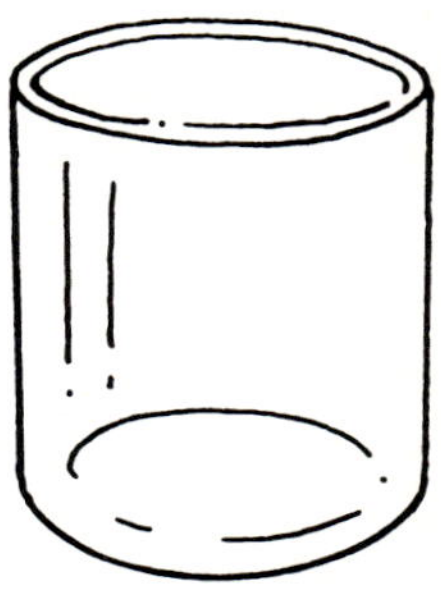

une tasse

une fourchette

Aux magasins

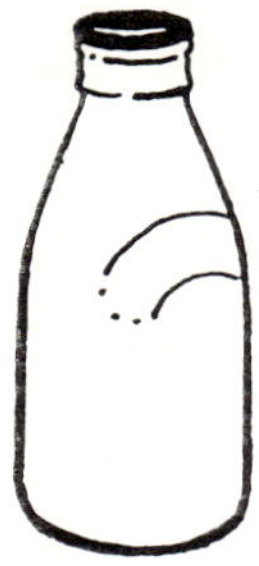
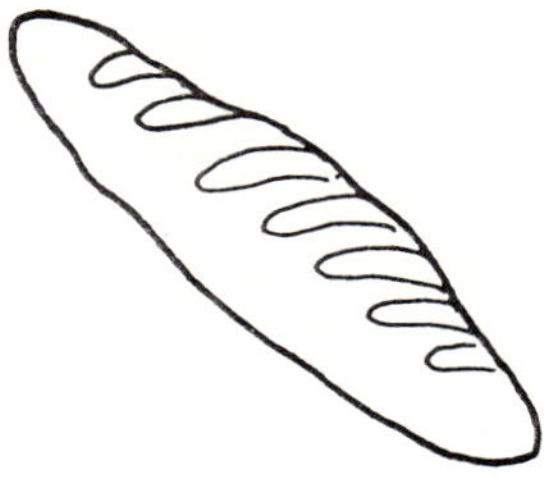

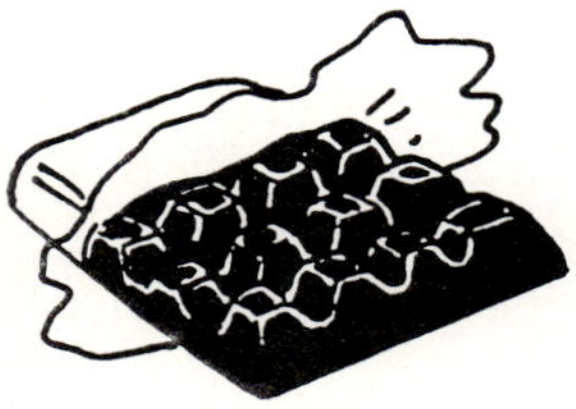

un poulet

des oeufs

un paquet de biscuits

du sucre

une tablette de chocolat

du lait

des croissants

des côtelettes d'agneau

des saucisses

un pain au chocolat

une baguette

un bifteck

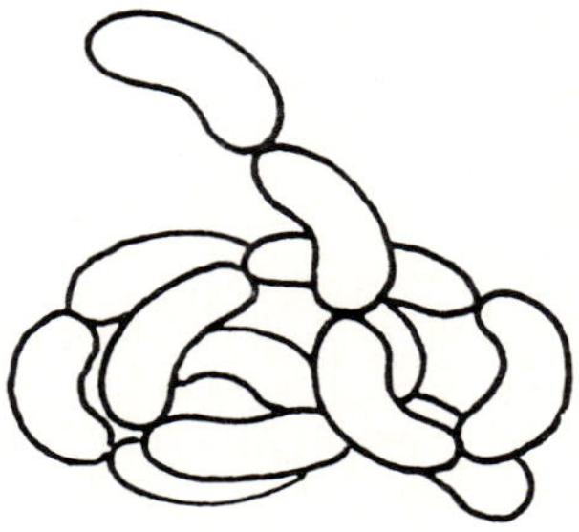

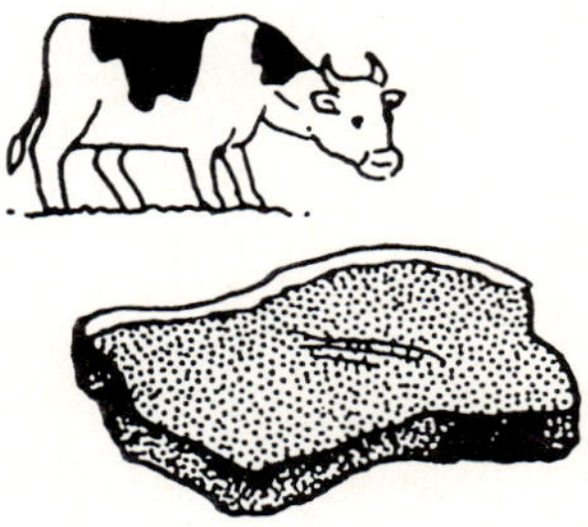

Écris

Aux magasins

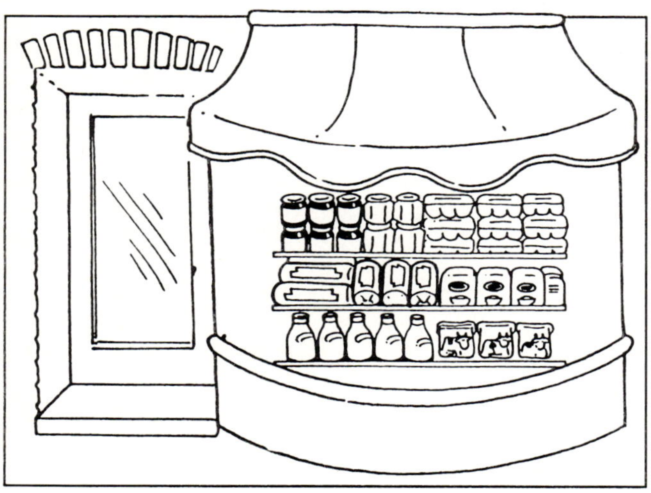

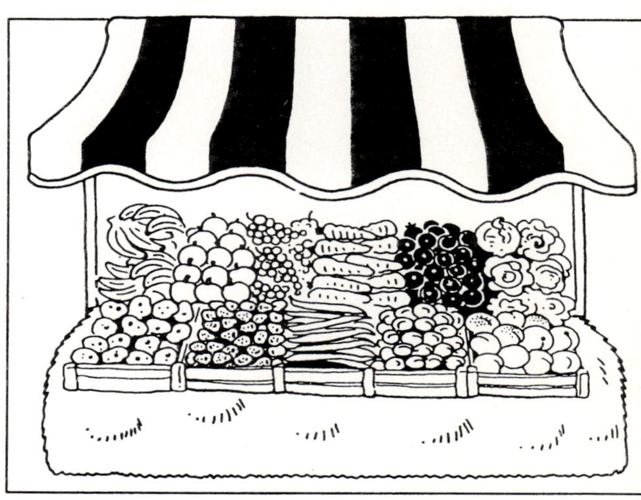

Aux magasins

La boulangerie

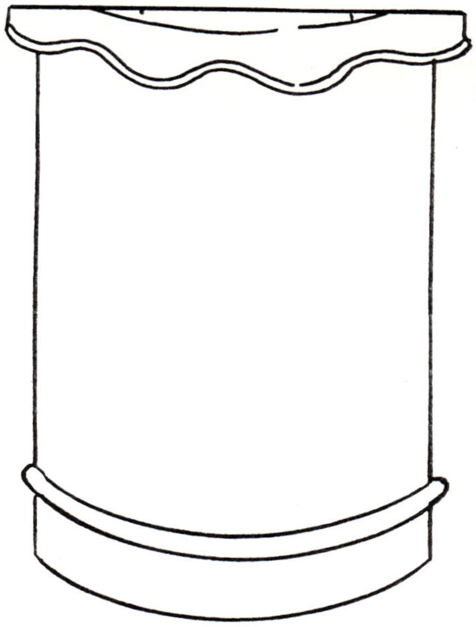

L'épicerie

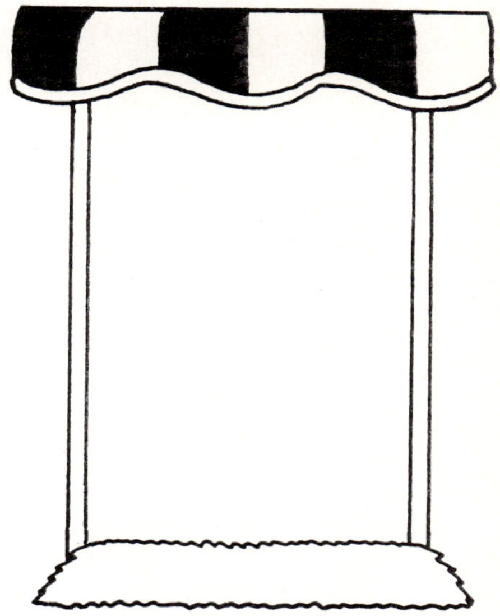

Le marché

Le supermarché

La boucherie

Le tabac

de la confiture
les prunes
un poulet
des chips
une carte postale
des saucisses
des pêches
les framboises
un gâteau
un timbre
une bouteille de limonade

un paquet des biscuits
du raisin
un coca
de la salade verte
une baguette
du lait
les haricots verts
un yaourt
les tomates
de l'eau minérale
une tablette de chocolat

les pommes de terre
le bifteck
des côtelettes d'agneau
des bonbons
les bananes
un pain au chocolat
les pommes
des oeufs
les carottes
du sucre
des croissants

C'est combien?

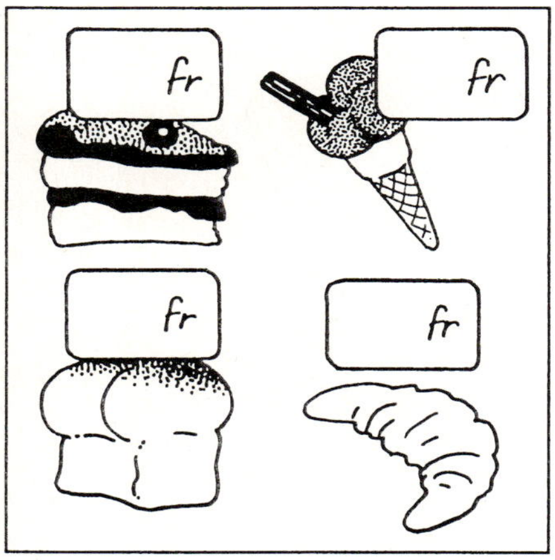

C'est combien?
le gâteau?

le pain?

la glace au chocolat?

le croissant?

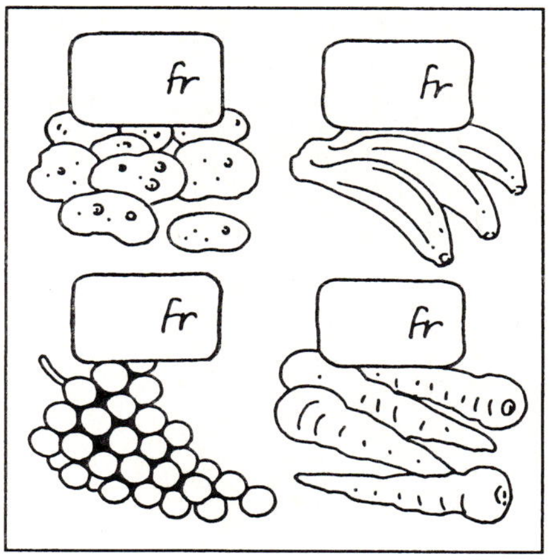

C'est combien?
les pommes de terre?

les bananes?

les raisins?

les carottes?

C'est combien?
la carte postale?

le timbre?

la poupée?

la trousse?

C'est combien?
les biscuits?

la tablette de chocolat?

le lait?

les oeufs?

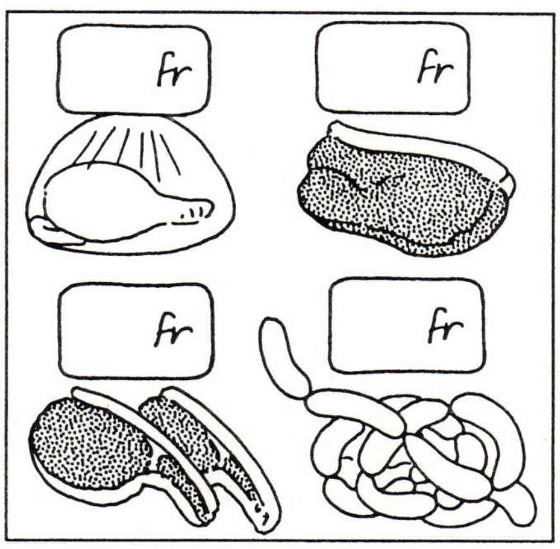

C'est combien?
le poulet?

le bifteck?

les côtelettes d'agneau?

les saucisses?

C'est combien?
le verre?

la chope?

le poster?

le peigne?

Les mois :

_ e _ t _ _ _ _ _

_ a _ _

_ é _ _ i _ _

j _ _ _ _ e t

_ _ _

_ _ r _ _

j _ _ v _ _ _

_ _ _ t

_ _ _ o _ r _

_ é _ _ m _ _ _

et les 4 saisons :

automne

hiver

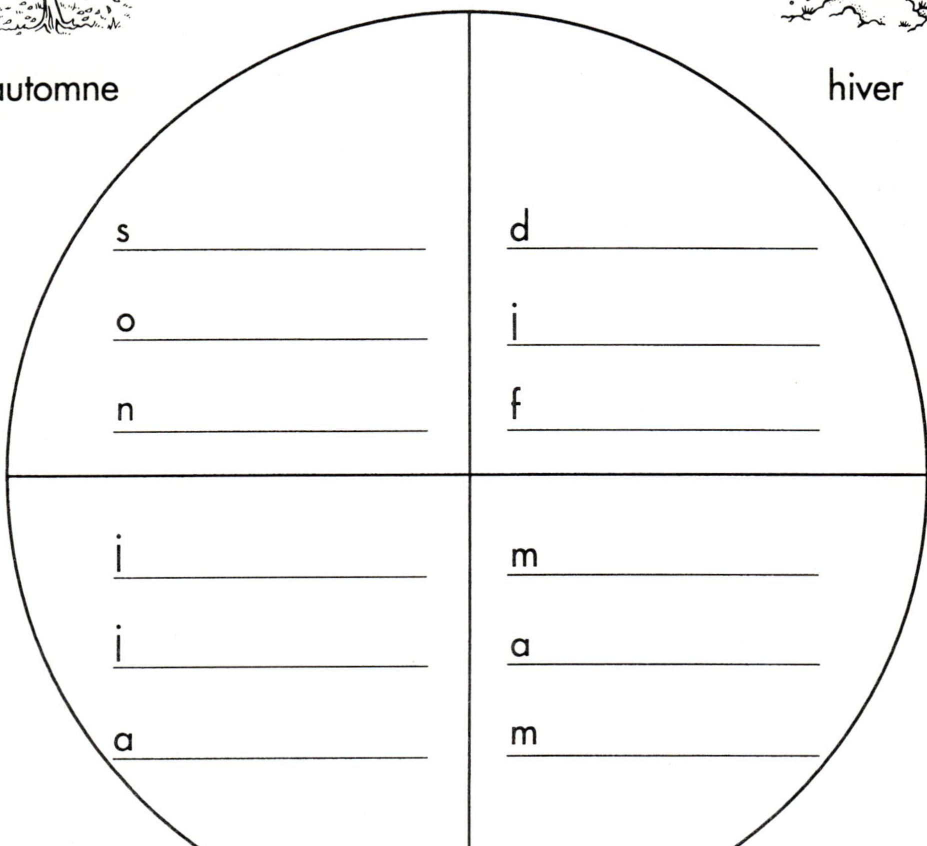

- janvier
- février
- mars
- avril
- mai
- juin
- juillet
- août
- septembre
- octobre
- novembre
- décembre

été

printemps

Qu'est-ce que tu fais aujourd'hui?

dimanche	Je vais à la pêche.
lundi	
mardi	
mercredi	
jeudi	
vendredi	
samedi	

Je joue au foot.
Je joue au tennis.
Je joue avec mon ordinateur.
Je vais à la pêche.
Je vais au cinéma.
Je vais à la disco.
Je regarde la télévision.
J'écoute la musique.
Je lis des magazines.
Je fais de la natation.
Je fais du vélo.
Je fais des courses.

dimanche	
lundi	
mardi	
mercredi	
jeudi	
vendredi	
samedi	

dimanche	
lundi	
mardi	
mercredi	
jeudi	
vendredi	
samedi	

Parle et écris

La date

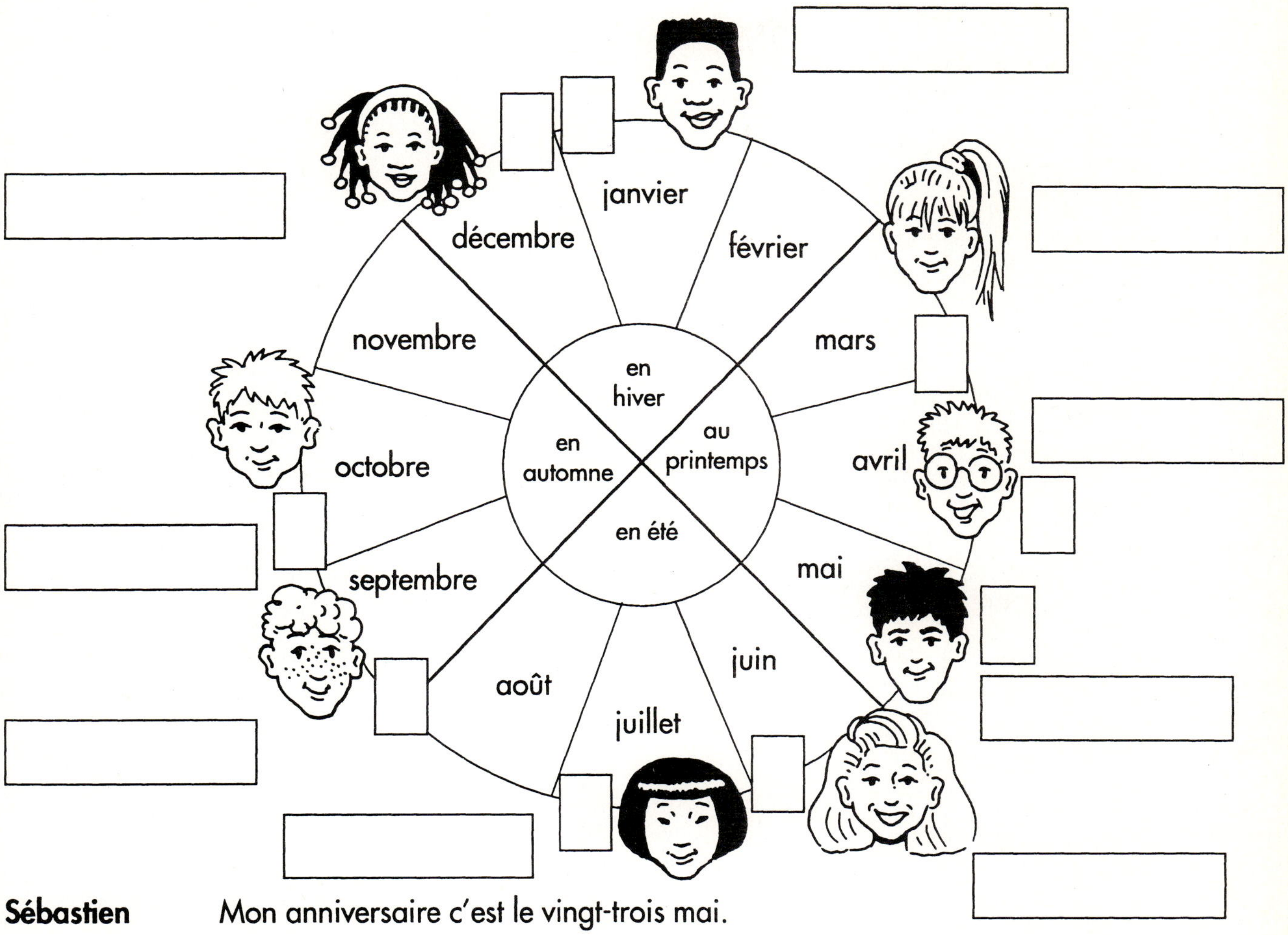

Sébastien Mon anniversaire c'est le vingt-trois mai.

Phillipe Mon anniversaire c'est le seize avril.

Étienne Mon anniversaire c'est le quatre septembre.

Pierre Mon anniversaire c'est le premier janvier.

Jeanne Mon anniversaire c'est le douze juillet.

Marie Mon anniversaire c'est le vingt-trois décembre.

Claire Mon anniversaire c'est le trente juin.

Alain Mon anniversaire c'est le dix-huit octobre.

Carole Mon anniversaire c'est le cinq mars.

Quelle est la date de ton anniversaire?

Mon anniversaire c'est ______________________________ .

Quel temps fait-il?

il ya du brouillard

il fait froid

il y a des nuages

il y a du vent

il neige

il pleut

il gèle

il y a de l'orage

il fait gris

il fait chaud

il fait beau

il y a du soleil

Quel temps fait-il?

il fait _ _ _ _ _

il y a du _ _ _ _ _ _ _ _

il _ _ _ _ _ _ _

il y a des _ _ _ _ _ _ _ _

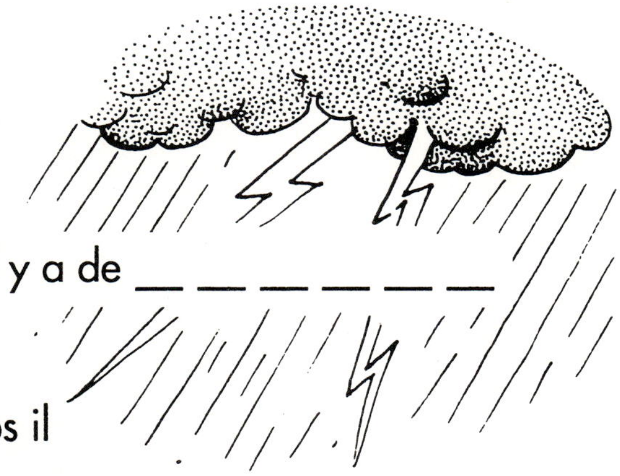

il y a de _ _ _ _ _ _ _ _

il fait _ _ _ _ _ _ _

Au printemps il

____

____

En été il

____

____

il fait beau
il y a des nuages
il fait chaud
il y a de l'orage
il pleut
il y a du soleil

Écris

Quel temps fait-il?

il fait _ _ _ _ _ _

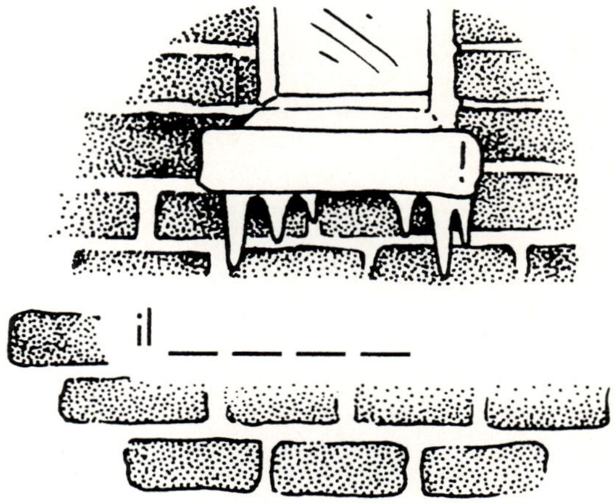

il _ _ _ _ _

il y a du _ _ _ _ _

il _ _ _ _ _ _

il fait _ _ _ _ _

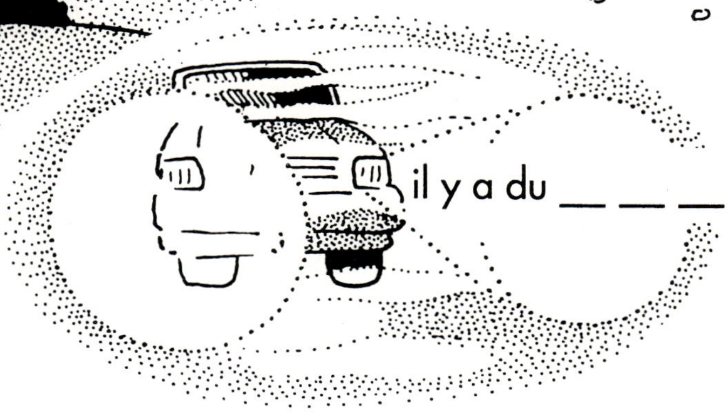

il y a du _ _ _ _ _ _ _ _ _ _ _ _ _ _ _

En automne il

____

____

En hiver il

____

____

il fait froid
il y a du brouillard
il gèle
il y a du vent
il neige
il fait gris

En ville il y a

le musée

l'office du tourisme

la station-service

la gare

la bibliothèque

le collège

le café

le centre-ville

l'hôtel

la mairie

l'église

la banque

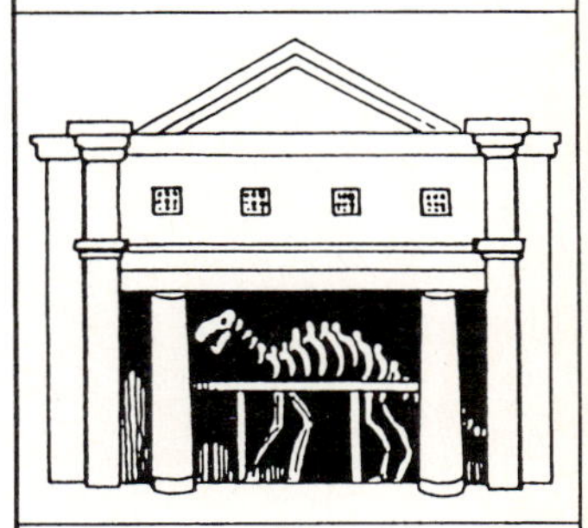

En ville il y a

la piscine

la rivière

le restaurant

le stade

la gare routière

le parc

le château

le cinéma

la poste

le marché

le commissariat de police

le parking

Les transports

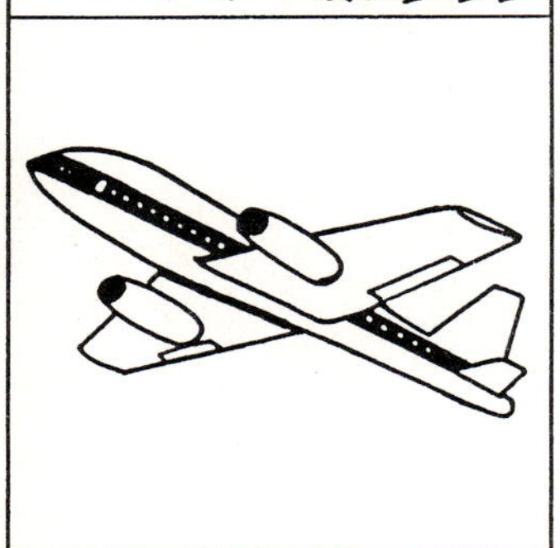

- à pied
- la voiture
- le chameau
- le train
- le bateau
- le métro
- l'autobus
- l'avion
- le vélo
- la moto

écris

Des directions

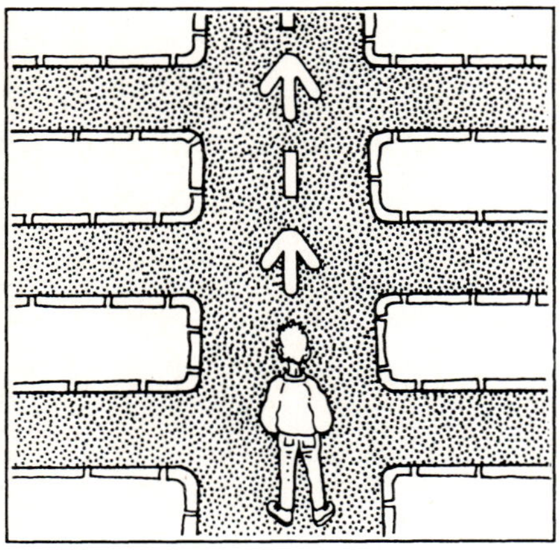

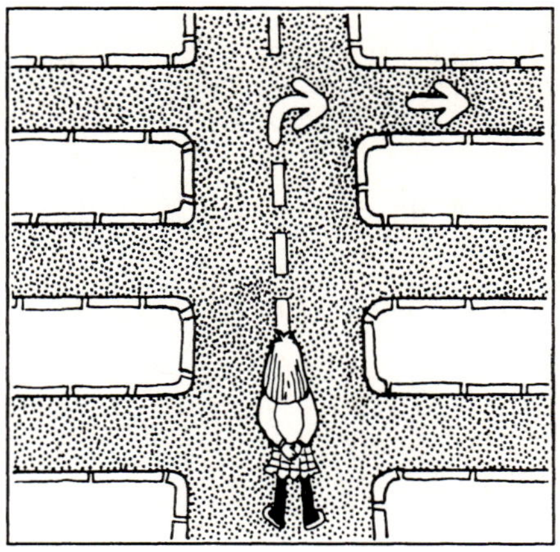

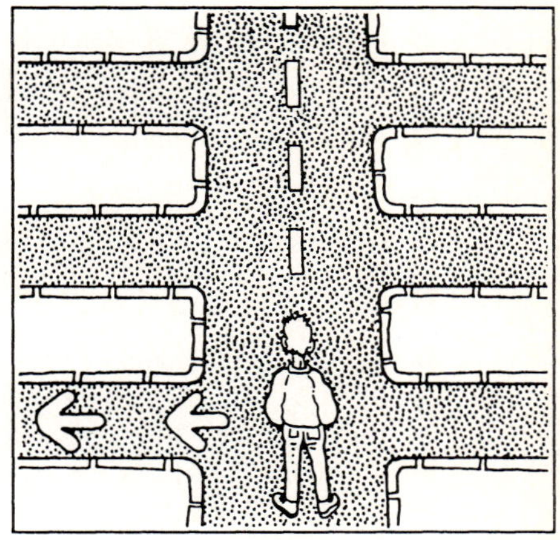

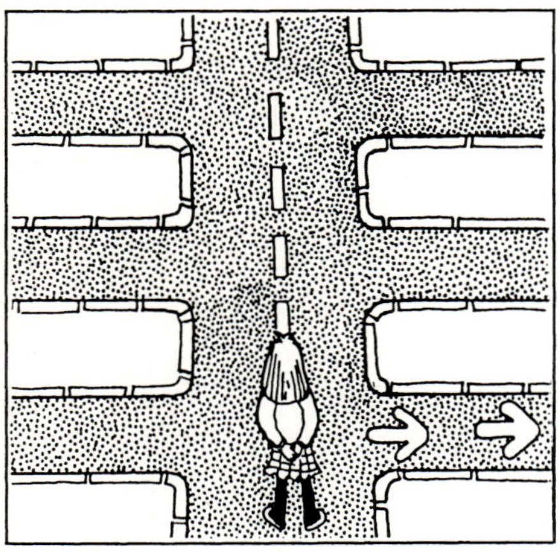

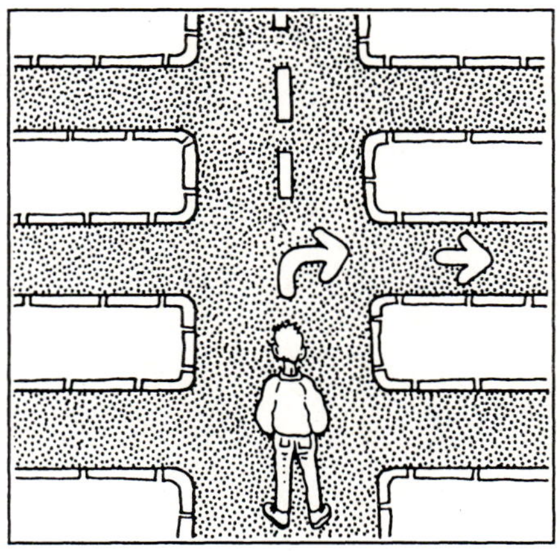

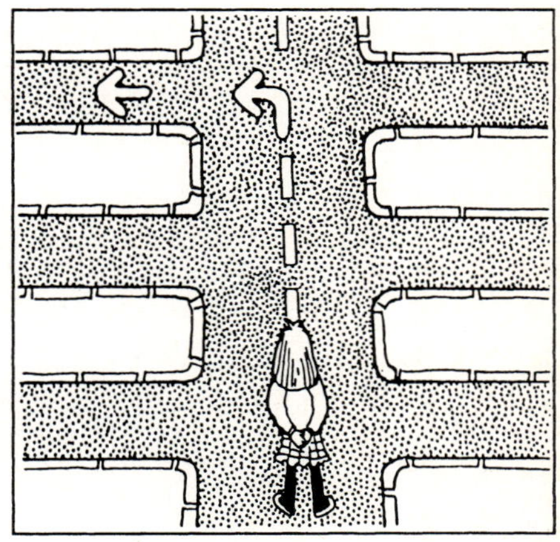

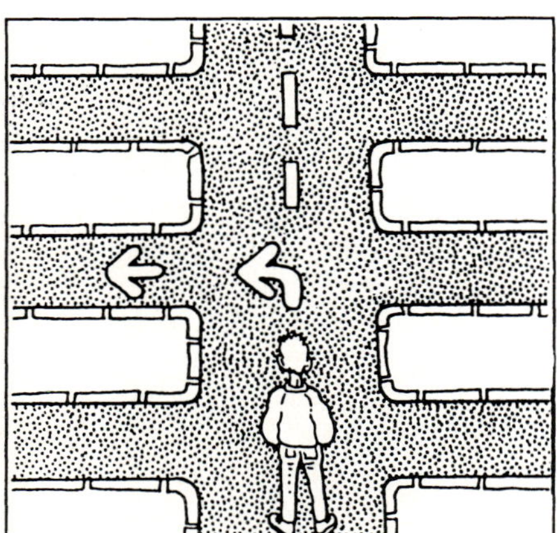

Tournez à gauche.

Tournez à droite.

Continuez tout droit.

Prenez la troisième rue à gauche.

Prenez la deuxième rue à droite.

Prenez la troisième rue à droite.

Prenez la deuxième rue à gauche.

Parle avec un(e) partenaire

Des directions

Je cherche

Je cherche l'église.	Tournez à gauche.
Je cherche la banque.	Tournez à droite.
Je cherche l'hôtel.	Prenez la deuxième rue à droite.
Je cherche la gare.	Continuez tout droit. Prenez la deuxième rue à gauche.
Je cherche le musée.	Continuez tout droit. Prenez la troisième rue à droite.

Je cherche la poste

Je cherche le marché

Je cherche l'office du tourisme

Je cherche le café

Je cherche la gare routière

Les vacances

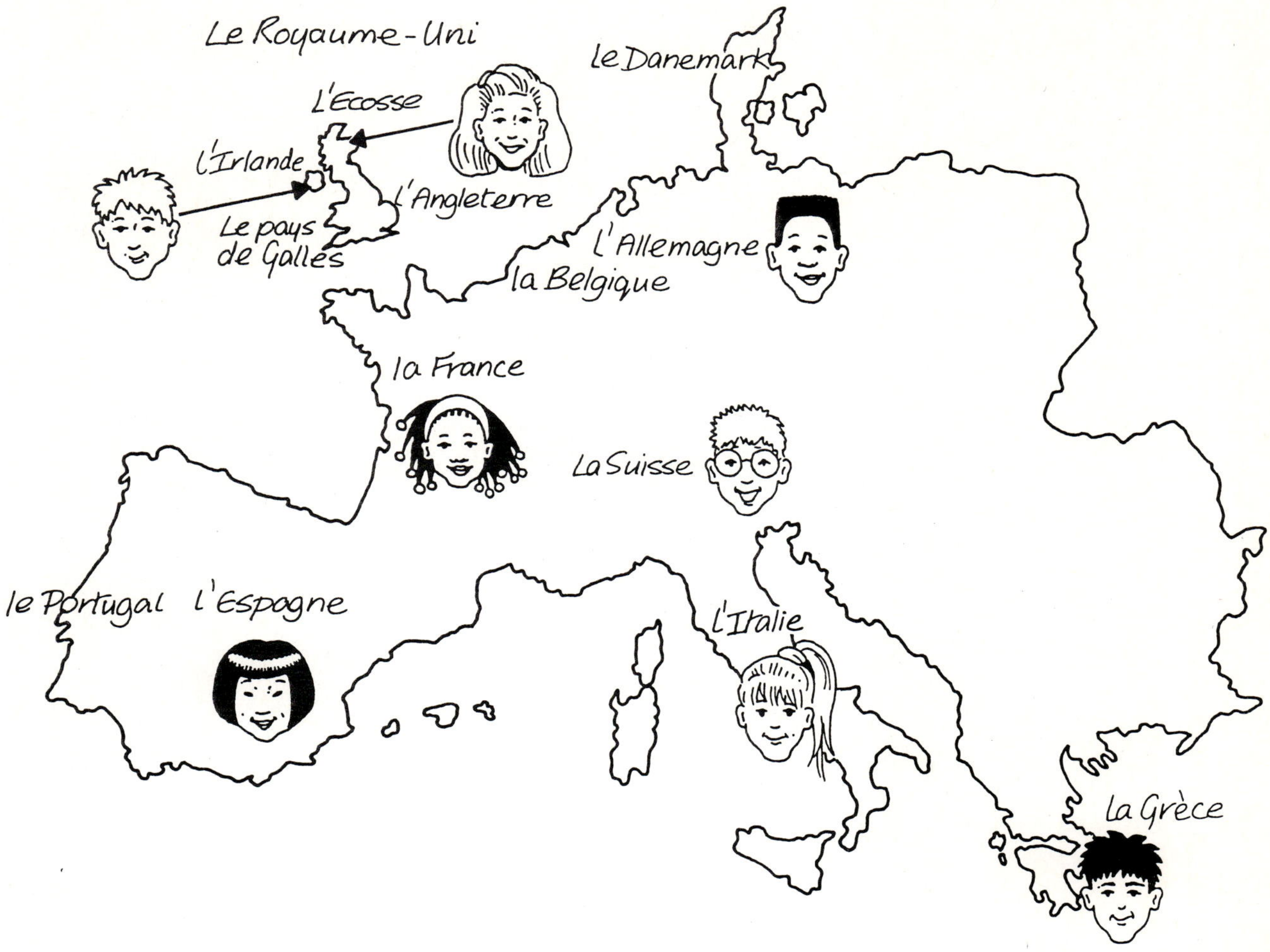

Je vais passer mes vacances

en ______________________________ .

Je vais passer mes vacances

en ______________________________ .

Je vais passer mes vacances

en ______________________________ .

Je vais passer mes vacances

en ______________________________ .

Je vais passer mes vacances

en ______________________________ .

Je vais passer mes vacances

en ______________________________ .

Je vais passer mes vacances

en ______________________________ .

Je vais passer mes vacances

en ______________________________ .

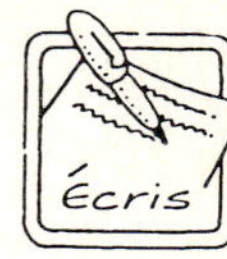

Mes vacances

l'Allemagne
l'Espagne
la France
la Grèce
la Suisse
l'Italie
l'Angleterre
le Pays de Galles
l'Ecosse
l'Irelande

à la montagne

au bord de la mer

à la campagne

la voiture

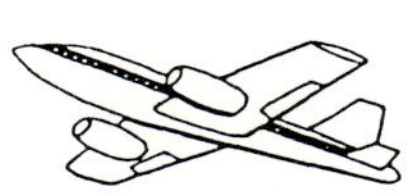
l'avion

le train

d	l	m	m	j	v	s
					1	2
3	4	5	6	7	8	9
10	**11**	**12**	**13**	**14**	**15**	**16**
17	18	19	20	21	22	23
24	25	26	27	28	29	30

une semaine

d	l	m	m	j	v	s
					1	2
3	**4**	**5**	**6**	**7**	**8**	**9**
10	**11**	**12**	**13**	**14**	**15**	**16**
17	**18**	**19**	**20**	**21**	**22**	**23**
24	25	26	27	28	29	30

trois semaines

d	l	m	m	j	v	s
					1	**2**
3	**4**	**5**	**6**	**7**	**8**	**9**
10	**11**	**12**	**13**	**14**	**15**	**16**
17	**18**	**19**	**20**	**21**	**22**	**23**
24	**25**	**26**	**27**	**28**	**29**	**30**

un mois

d	l	m	m	j	v	s
					1	2
3	4	5	6	7	8	9
10	11	12	13	14	15	16
17	**18**	**19**	**20**	**21**	**22**	**23**
24	**25**	**26**	**27**	**28**	**29**	**30**

quinze jours

la G __ __ __e

d	l	m	m	j	v	s
					1	2
3	4	5	6	7	8	9
10	**11**	**12**	**13**	**14**	**15**	**16**
17	18	19	20	21	22	23
24	25	26	27	28	29	30

Je vais aller ______________________________

Je vais passer ______________________________

Je vais prendre ______________________________

l'Ang __ __ terre

d	l	m	m	j	v	s
					1	2
3	4	5	6	7	8	9
10	**11**	**12**	**13**	**14**	**15**	**16**
17	**18**	**19**	**20**	**21**	**22**	**23**
24	25	26	27	28	29	30

Je vais aller ______________________________

Je vais passer ______________________________

Je vais prendre ______________________________

la F __ __ __ ce

d	l	m	m	j	v	s
					1	**2**
3	**4**	**5**	**6**	**7**	**8**	**9**
10	**11**	**12**	**13**	**14**	**15**	**16**
17	**18**	**19**	**20**	**21**	**22**	**23**
24	**25**	**26**	**27**	**28**	**29**	**30**

Je vais aller ______________________________

Je vais passer ______________________________

Je vais prendre ______________________________

l'A __ __ emagne

d	l	m	m	j	v	s
					1	2
3	4	5	6	7	8	9
10	**11**	**12**	**13**	**14**	**15**	**16**
17	**18**	**19**	**20**	**21**	**22**	**23**
24	25	26	27	28	29	30

Je vais aller ______________________________

Je vais passer ______________________________

Je vais prendre ______________________________

l'Ir __ __ __ nd __

d	l	m	m	j	v	s
					1	2
3	**4**	**5**	**6**	**7**	**8**	**9**
10	11	12	13	14	15	16
17	18	19	20	21	22	23
24	25	26	27	28	29	30

Je vais aller ______________________________

Je vais passer ______________________________

Je vais prendre ______________________________

l'E __ __ __ se

d	l	m	m	j	v	s
					1	2
3	4	5	6	7	8	9
10	**11**	**12**	**13**	**14**	**15**	**16**
17	**18**	**19**	**20**	**21**	**22**	**23**
24	**25**	**26**	**27**	**28**	**29**	**30**

Je vais aller ______________________________

Je vais passer ______________________________

Je vais prendre ______________________________

Au bord de la mer

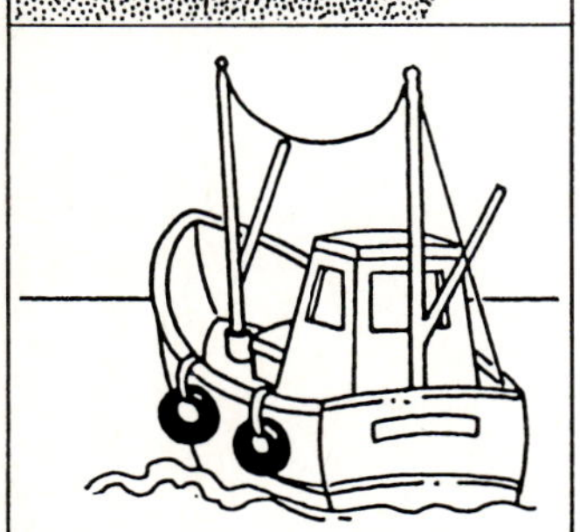

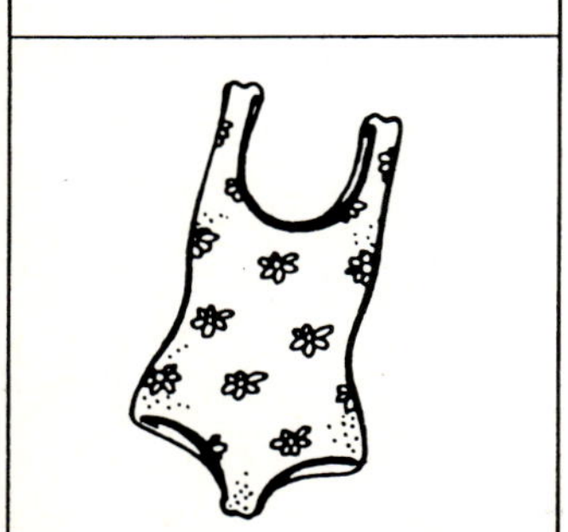

la mer

la plage

l'ombre

un château de sable

le bateau

le rocher

le maître-nageur

la pelle

la serviette

le seau

le maillot de bain

les lunettes de soleil

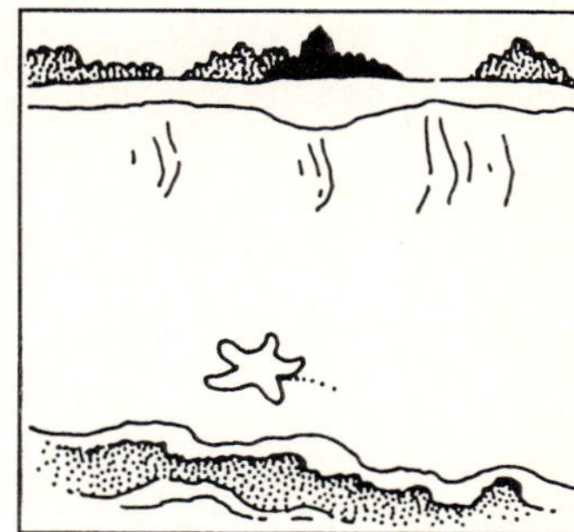
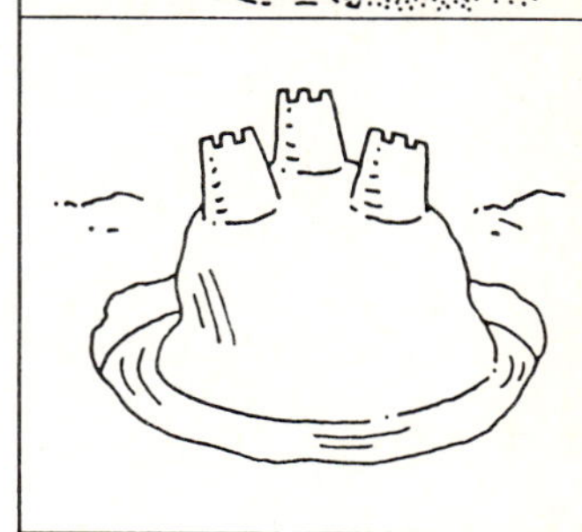

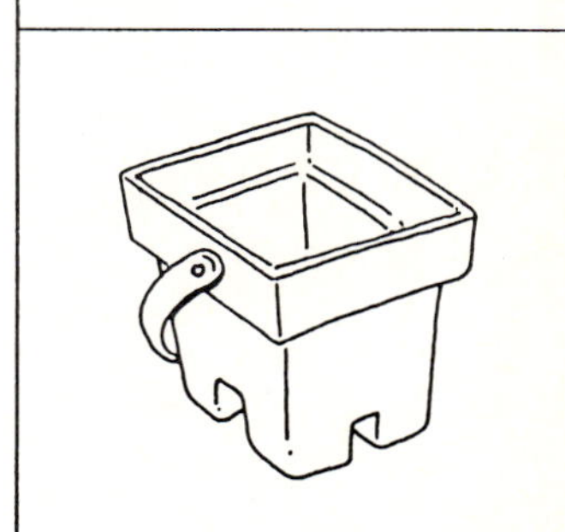
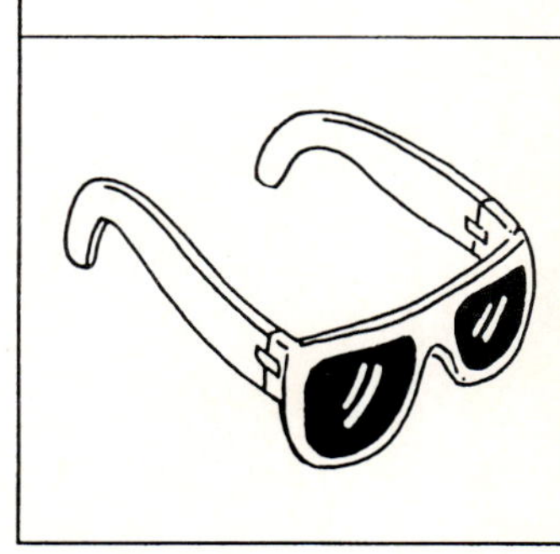

À la campagne

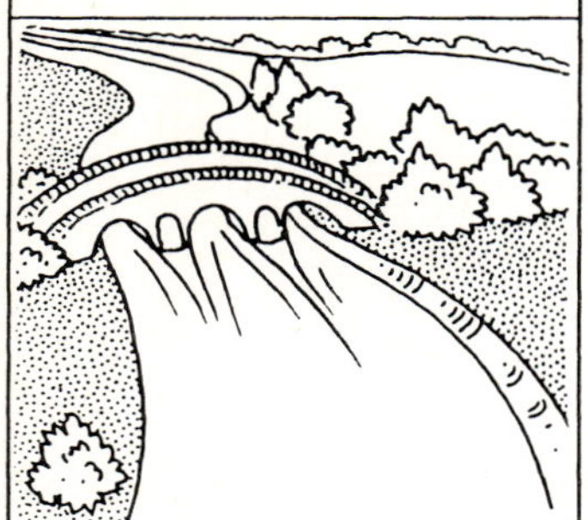

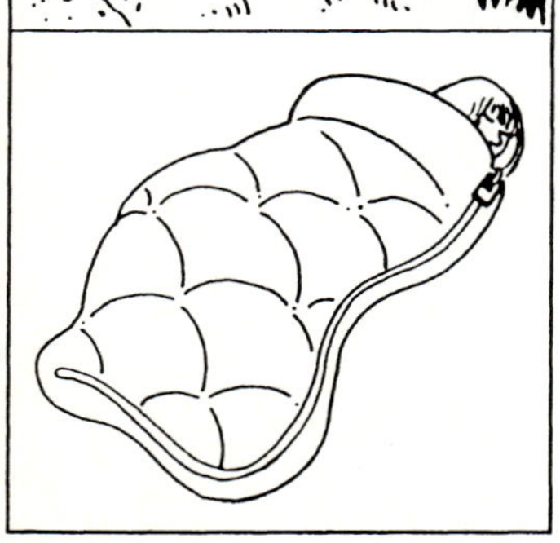

le champ

la ferme

le bois

les vaches

la rivière

le compas

la tente

la barrière

la haie

le sac à dos

le sac de couchage

la carte

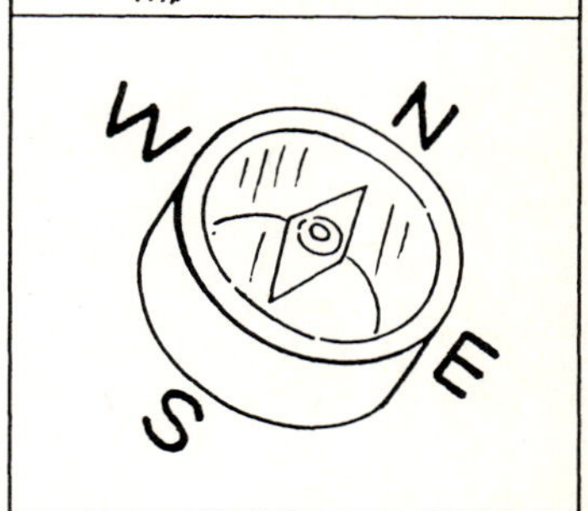

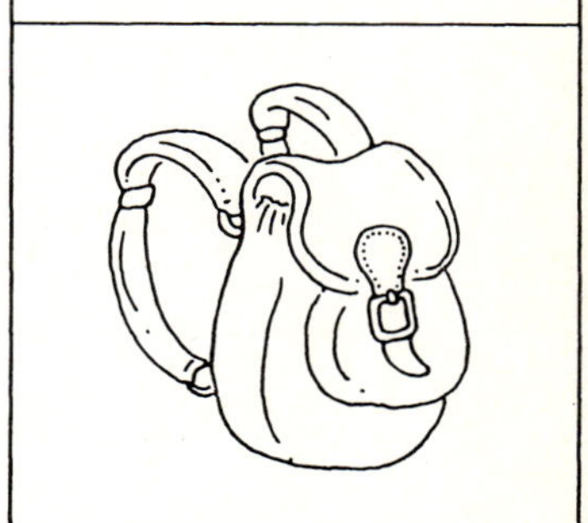
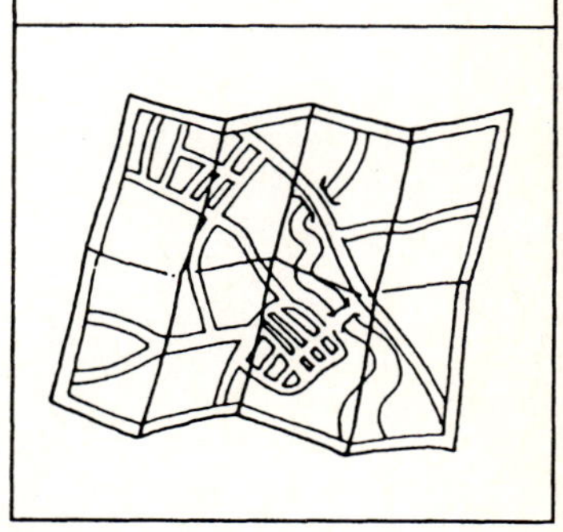

A
l'anniversaire: der Geburtstag
à pied: zu Fuß
une assiette: ein Teller
au bord de: neben
aujourd'hui: heute
l'avion: das Flugzeug

B
la barrière: die Schranke
le bateau: das Boot
beau: gut/schön
la bibliothèque: die Bücherei
une bière: ein Bier
un bifteck: ein Beefsteak
blanc: weiß
le bois: das Holz
la boisson: das Getränk
la boucherie: die Metzgerei
la boulangerie: die Bäckerei
le brouillard: der Nebel
brun: braun

C
le café: der Kaffee; das Café
la campagne: das Land
la carte: die Karte
une carte postale: eine Postkarte
le chameau: das Kamel
le champ: das Feld
un chat: eine Katze
le château: das Schloss
un château de sable: eine Sandburg
chaud: warm
chercher: suchen
un cheval: ein Pferd
un chien: ein Hund
des chips: Chips
un chocolat chaud: eine heiße Schokolade
une chope: ein Bierglas
au citron: mit Zitrone
un cochon: ein Schwein
combien (de)?: Wie viel?
la commissariat de police: die Polizeiwache
la confiture: die Marmelade
les côtelettes d'agneau: die Lammkoteletts
des courses: Einkäufe
un couteau: ein Messer
une cuiller: ein Löffel

D
à droite: nach rechts
tout droit: geradeaus

E
l'église: die Kirche
l'entrée: der erste Gang
l'épicerie: der Lebensmittelladen
l'été: der Sommer

F
la fille: das Mädchen
le foot: der Fußball(sport)
une fourchette: eine Gabel
les framboises: die Himbeeren
des frites: Pommes frites
froid: kalt
le fromage: der Käse

G
un garçon: ein Junge
la gare: der Bahnhof
la gare routière: der Busbahnhof
à gauche: nach links
geler: gefrieren
une glace: ein Speiseeis
gris: grau

H
la haie: die Hecke
les haricots verts: die grünen Bohnen
l'hiver: der Winter

J
jaune: gelb
un jus d'orange: ein Orangensaft

L
le lait: die Milch
un lapin: ein Hase
les légumes: die Gemüse
un livre: ein Buch
les lunettes de soleil: die Sonnenbrille

M
le magasin: das Geschäft
le maillot de bain: der Badeanzug
la mairie: das Rathaus
la maison: das Haus
le maître-nageur: der Rettungsschwimmer
le marché: der Markt
la mer: das Meer
le métro: die U-Bahn
la montagne: das Gebirge
le musée: das Museum

N
neiger: schneien
noir: schwarz
les nuages: die Wolken

O
des oeufs: Eier
l'oignon: die Zwiebel
un oiseau: ein Vogel
l'ombre: der Schatten
l'orage: der Sturm
un ordinateur: ein Computer

P
le pain: das Brot
la pêche: das Angeln
les pêches: die Pfirsiche
un peigne: ein Kamm
la pelle: die Schaufel
la piscine: das Schwimmbad
la plage: der Strand
il pleut: es regnet
un poisson: ein Fisch
les pommes: die Äpfel
les pommes de terre: die Kartoffeln
une porte: eine Tür
un poulet: ein Hühnchen
une poupée: eine Puppe
le printemps: der Frühling
les prunes: die Pflaumen

R
les raisins: die Rosinen
le rocher: der Felsen
rouge: rot
la rue: die Straße

S
le sac à dos: der Rucksack
le sac de couchage: der Schlafsack
le seau: der Eimer
la serviette: das Handtuch
le soleil: die Sonne
une souris: eine Maus
le stade: das Stadion
la station-service: die Tankstelle

T
le tabac: der Tabak
une tasse: eine Tasse
le temps: das Wetter
un thé: ein Tee
un timbre: eine Briefmarke
une trousse: ein Schreibmäppchen

V
les vacances: die Ferien
la vache: die Kuh
un vélo: ein Fahrrad
le vent: der Wind
un verre: ein Glas
vert: grün
la viande: das Fleisch
une ville: eine Stadt
le vin: der Wein
la voiture: das Auto

Y
un yaourt: ein Jogurt

Verlag an der Ruhr

... nicht nur eine Unterrichtseinheit

Mehr in unserem kostenlosen Gesamtkatalog.

www.verlagruhr.de

Mit dem Finger über die Landkarte
Topografische Spiele und Rätsel: Europa
Ab Kl. 5/6, 74 S., A4, Papph.
ISBN 3-86072-410-X
Best.-Nr. 2410
35,- DM/sFr/241,- öS

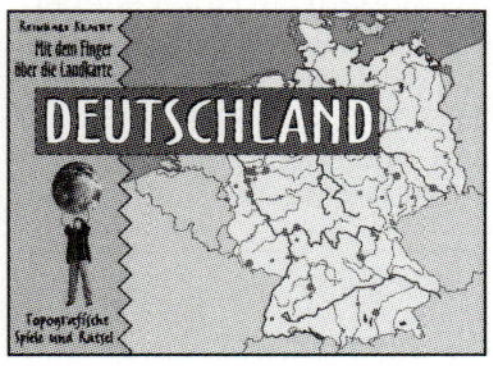

Mit dem Finger über die Landkarte
Topografische Spiele und Rätsel: Deutschland
Ab Kl. 5/6, 70 S., A4, Papph.
ISBN 3-86072-454-1
Best.-Nr. 2454
35,- DM/sFr/256,- öS

Mit dem Finger über die Landkarte
Topografische Spiele und Rätsel: Die Welt
Ab Kl. 5/6, 70 S., A4, Papph.
ISBN 3-86072-498-3
Best.-Nr. 2498
35,- DM/sFr/256,- öS

Baumwolle
Eine Aktivmappe
Ab Kl. 5, 74 S., A4, Papph.
ISBN 3-86072-570-X
Best.-Nr. 2570
36,- DM/sFr/263,- öS

Schokolade
Eine Aktivmappe
Ab 9 J., 86 S., A4, Papph.
ISBN 3-86072-160-7
Best.-Nr. 2160
35,- DM/sFr/256,- öS

Literatur-Kartei:
„Crazy"
Ab Kl. 8, 85 S., A4, Papph.
ISBN 3-86072-496-7
Best.-Nr. 2496
38,- DM/sFr/277,- öS

Literatur-Kartei:
„Biedermann und die Brandstifter"
Ab Kl. 8, 70 S., A4, Papph.
ISBN 3-86072-463-0
Best.-Nr. 2463
36,- DM/sFr/263,- öS

Literatur-Kartei:
„Emil und die Detektive"
Ab Kl. 5, 70 S., A4, Papph.
ISBN 3-86072-571-8
Best.-Nr. 2571
36,- DM/sFr/263,- öS

Arbeitsblätter Deutsch
Literatur, Lyrik, eigene Texte
Ab Kl. 6, 96 S., A4, Papph.
ISBN 3-927279-87-0
Best.-Nr. 0987
36,- DM/sFr/263,- öS

Diktate üben – locker!
Klassen 5-6.
60 S., A4, Papph.
ISBN 3-86072-592-0
Best.-Nr. 2592
34,- DM/sFr/248,- öS

Das große Quiz zum 20. Jahrhundert
Ein Jahrhundert wird enträtselt
Ab 12 J., 84 S., A4, Papph.
ISBN 3-86072-556-4
Best.-Nr. 2556
38,- DM/sFr/277,- öS

Arbeitsblätter Geschichte:
Das alte Ägypten
Ab Kl. 5, 91 S., A4, Papph.
ISBN 3-86072-259-X
Best.-Nr. 2259
36,- DM/sFr/263,- öS

„In Auschwitz wurde niemand vergast"
60 rechtsradikale Lügen und wie man sie widerlegt
Ab 13 J., 184 S., 16x23 cm, Pb.
ISBN 3-86072-275-1
Best.-Nr. 2275
24,80 DM/sFr/181,- öS

Von wegen Heilige Nacht!
Das Weihnachtsfest in der politischen Propaganda
Ab 14 J., 200 S., 20x25,5 cm, Hardcover, vierfarbig
ISBN 3-86072-572-6
Best.-Nr. 2572
39,80 DM/sFr/291,- öS

Projektmappe: Die Römerzeit
Ab 10 J., ca. 110 S., A4, Pb.
ISBN 3-86072-591-2
Best.-Nr. 2591
42,- DM/sFr/307,- öS

Religionen kennen lernen:
Islam
Ab 10 J., 49 S., A4, Papph.
ISBN 3-86072-338-3
Best.-Nr. 2338
28,- DM/sFr/204,- öS

Religionen kennen lernen:
Judentum
Ab 10 J., 49 S., A4, Papph.
ISBN 3-86072-339-1
Best.-Nr. 2339
28,- DM/sFr/204,- öS

Apostel, Mönche, Missionare:
Die erste Ausbreitung des Christentums
Ab Kl. 7, 60 S., A4, Papph.
ISBN 3-86072-573-4
Best.-Nr. 2573
34,- DM/sFr/248,- öS

Projektmappe
Afrikanische Religionen
Ab Kl. 8, 74 S., A4, Papph.
ISBN 3-86072-568-8
Best.-Nr. 2568
36,- DM/sFr/263,- öS

Auf den Spuren unseres Glaubens
Ab 10 J., 76 S., A4, Papph.
ISBN 3-86072-327-8
Best.-Nr. 2327
38,- DM/sFr/277,- öS

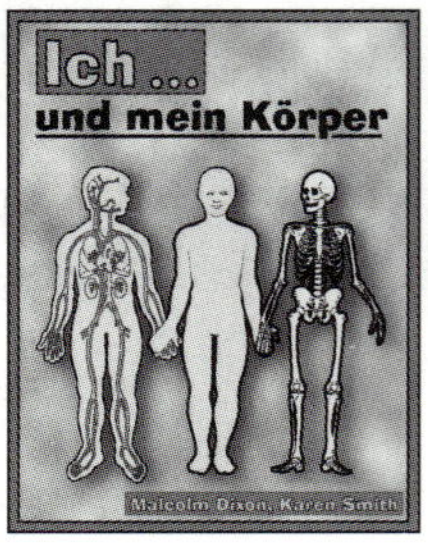

Ich ... und mein Körper
Ab Kl. 4, 49 S., A4, Papph.
ISBN 3-86072-347-2
Best.-Nr. 2347
28,- DM/sFr/204,- öS

Ich ... werde erwachsen
Arbeitsblätter Sexualerziehung
Ab 9 J., 49 S., A4, Papph.
ISBN 3-86072-348-0
Best.-Nr. 2348
28,- DM/sFr/204,- öS

Pubertät
Zwischen Happy und Depri
Ab Kl. 6, 50 S., A4, Papph.
ISBN 3-86072-578-5
Best.-Nr. 2578
32,- DM/sFr/234,- öS

Mit Kindern die Natur erleben
3–99 J., 178 S., 14 x 21,6 cm, Pb., viele Fotos
ISBN 3-927279-97-8
Best.-Nr. 0997
19,80 DM/sFr/145,- öS

Agenda 21 – Wir bauen unsere Zukunft
9–13 J., 152 S., A4, Pb., vierfarbig
ISBN 3-86072-411-8
Best.-Nr. 2411
39,80 DM/sFr/291,- öS

Klotzen Mädchen!
Spiele und Übungen für Selbstbewusstsein und Selbstbehauptung
Ab 12 J., 94 S., A4, Pb.
ISBN 3-86072-391-X
Best.-Nr. 2391
29,80 DM/sFr/218,- öS

Müssen Jungen aggressiv sein?
Eine Praxismappe für die Arbeit mit Jungen
Ab 9 J., 104 S., A4, Pb.
ISBN 3-86072-392-8
Best.-Nr. 2392
29,80 DM/sFr/218,- öS

Konflikte selber lösen
Trainingshandbuch für Mediation und Konfliktmanagement in Schule und Jugendarbeit
Ab 10 J., 207 S., A4, Pb.
ISBN 3-86072-220-4
Best.-Nr. 2220
45,- DM/sFr/329,- öS

Wir werden eine Klassengemeinschaft
Soziales Lernen in der Orientierungsstufe
Ab Kl. 5, 90 Seiten, A4, Papph.
ISBN 3-86072-388-X
Best.-Nr. 2388
38,- DM/sFr/277,- öS

Neinsagen lernen Alkohol
Ab Kl. 6, 50 S., A4, Papph.
ISBN 3-86072-575-0
Best.-Nr. 2575
32,- DM/sFr/234,- öS

„Bleib ruhig!"
Entspannungs- und Konzentrationsübungen für Jugendliche
Ab 10 J., Set in stabiler Pappbox, illustr. Anleitungsbuch (48 S.) + CD
ISBN 3-86072-328-6
Best.-Nr. 2328
38,- DM/sFr/277,- öS

Ich lebe viel
Materialien zur Suchtprävention
Ab Kl. 7, 96 S., A4, Papph.
ISBN 3-927279-79-X
Best.-Nr. 0979
36,- DM/sFr/263,- öS

Projekt: Soziales Lernen
Ein Praxisbuch für den Schulalltag
Ab 10 J., 152 S., 15,3 x 22 cm, Pb.
ISBN 3-86072-261-1
Best.-Nr. 2261
24,80 DM/sFr/181,- öS

Mediation in der pädagogischen Arbeit
Ein Handbuch für Kindergarten, Schule und Jugendarbeit
234 S., A5, Pb.
ISBN 3-86072-341-3
Best.-Nr. 2341
29,80 DM/sFr/218,- öS

Mit Freiarbeit erfolgreich in der Sek. I
126 S., A5, Pb.
ISBN 3-86072-497-5
Best.-Nr. 2497
16,80 DM/sFr/123,- öS

Malen wie die Großen
Kinder entdecken Künstler
6–12 J., 134 S., A4-quer, Pb.
ISBN 3-86072-346-4
Best.-Nr. 2346
36,- DM/sFr/263,- öS

Arbeitsblätter
Musik für die Sek. I
Ab Kl. 5, 126 S., A4, Pb.
ISBN 3-86072-409-6
Best.-Nr. 2409
39,80 DM/sFr/291,- öS

HipHop
Sprechgesang: Raplyriker und Reimkrieger – Ein Arbeitsbuch
Ab Kl. 7, 110 S., 16 x 23 cm, Pb.
ISBN 3-86072-554-8
Best.-Nr. 2554
24,80 DM/sFr/181,-öS

Inline-Skaten lernen – aber sicher!
Ein Trainingsbuch
7–14 J., 108 S., 16 x 23 cm, Pb.
ISBN 3-86072-487-8
Best.-Nr. 2487
22,- DM/sFr/161,- öS

Fun-Olympics
Sport- und Spaßspiele für alle
5–99 J., 96 S., 18 x 23 cm, Hardcover, vierfarbig
ISBN 3-86072-445-2
Best.-Nr. 2445
29,80 DM/sFr/218,- öS

Die Mathe-Merk-Mappe Klasse 5
Ab 10 J., 104 S., A4, Pb.
ISBN 3-86072-389-8
Best.-Nr. 2389
32,- DM/sFr/234,- öS

Nie mehr zu viel zahlen
Kopfrechentraining für den Alltag
Ab Kl. 6, 164 S., 16 x 23 cm, Pb.
ISBN 3-86072-589-0
Best.-Nr. 2589
32,-DM/sFr/234,-öS